"十三五"国家重点出版物出版规划项目
物流与供应链前沿译丛（第二辑）

# Sustainability, Innovation and Procurement
# 可持续发展、创新和采购

［英］萨钦·库马尔·曼格拉（Sachin Kumar Mangla）
［印］苏尼尔·卢特拉（Sunil Luthra） 著

沈 欣 译

中国财富出版社有限公司

**图书在版编目（CIP）数据**

可持续发展、创新和采购 /（英）萨钦·库马尔·曼格拉（Sachin Kumar Mangla），（印）苏尼尔·卢特拉（Sunil Luthra）著；沈欣译．—北京：中国财富出版社有限公司，2022.6（2023.3 重印）

（物流与供应链前沿译丛．第二辑）

书名原文：Sustainability，Innovation and Procurement

“十三五”国家重点出版物出版规划项目

ISBN 978－7－5047－7340－1

Ⅰ．①可…　Ⅱ．①萨… ②苏… ③沈…　Ⅲ．①政府采购制度—研究　Ⅳ．①F812.2

中国版本图书馆 CIP 数据核字（2022）第 092562 号

著作权合同登记号　图字：01-2020-7064

Sustainability，Innovation and Procurement，1st Edition

By Sachin Kumar Mangla，Sunil Luthra / ISBN：9781138365483

“十三五”国家重点出版物出版规划项目

# 物流与供应链前沿译丛（第二辑）<br>出版指导委员会

# 数学和工程研究进展

系列主编
Mangey Ram

葛瑞菲克时代大学（Graphic Era University）数学系
印度　北阿坎德邦　德拉敦

《焦点》丛书系列主要介绍数学及其应用的最新发展和原创研究文章。这一系列著作形式简短，篇幅在20000～50000字，100～125页，涵盖数学和工程领域。它包括但不限于数学工程科学、工程和技术、物理科学、数值和计算科学、空间科学和气象学。系列内的书籍可为该领域的专业人员、研究人员、教育工作者和高年级学生提供最新研究成果和发展的宝贵参考。

《软件可靠性保证的最新进展》
Adarsh Anand 和 Mangey Ram　著

《可持续发展、创新和采购》
Sachin Kumar Mangla 和 Sunil Luthra　著

# 前　言

我们完成了该著作的编辑工作，本书共分为四章，各章简要说明如下。

在第 1 章中，Sengupta 和 Shukla 分析了公司在农业部门实施可持续采购的方式。农业面临若干挑战，因此决策者采用可持续商业模式，提高农产品产量，增进了包括印度等新兴经济体的“边缘化”农民的社会福祉。作者对印度一家领先的有机产品制造商进行了描述性单一案例研究，分析实地实施可持续采购过程的方式。本章通过共享经济的视角，凸显了商业模式创新在激励采购过程中不同利益攸关方的关键作用，尤其是被边缘化的农民。此外，作者还描述了如何通过商业模式创新实现供应链可持续采购以促进环境和社会可持续发展，并基于有机农业案例，以印度社会金字塔底层群体为研究对象，彰显商业创新在消除可持续采购现有障碍方面发挥的显著作用。

在第 2 章中，Dev 等讨论增材制造（也称为 3D 打印）技术和包括航空航天、汽车以及医学等许多应用领域定制产品的新兴技术。这些技术现在可以在全球范围内使用金属、陶瓷、聚合物和其他创新材料制造功能部件。增材制造本身属于可持续性范畴，其指数级发展契合了能源、材料和其他资源面临枯竭的现实。材料和工具的直接采购对于在增材制造过程中实现正确的平衡也起着重要的作用。它可能影响货物供应量和质量、买方—供应商关系之间的权衡。全球增材制造技术市场价值 2020 年的预测值达到 210 亿美元，人们正计划使用这些技术生产所有关键和非关键部件。这导致自然、建筑和数字环境逐渐趋同，重塑了经济、社会和环境。因此，需要注意采购和资源可持续性的系统规划。本章介绍了增材制造技术在可持续性发展和创新材料采购方面的潜力，研究了增材制造工艺参数对能源消耗、材料浪费和生产时间的影响。

在第 3 章中，Agarwal 和 Mathiyazhagan 讨论了利益攸关方对采购网络的环境和社会影响这一日益被关注的问题，凸显了印度汽车零部件制造企业可持续发展的重要性。几家汽车零部件制造企业探索了与供应商进行供应链合作的可能性，以有效地管理原材料和零部件。由于每个合作伙伴都致力于实现可持续发展的共同目标，在来自政府、客户等多方压力下，为了达到理想的可持续发展水平，供应链合作成为有效的战略手段。在这种情况下，制造商首先要了解激励因素，这些因素推动了制造商与供应商的可持续合作。此外，需要基于多准则决策方法，探索激励因素在可持续合作中的重要作用。因此，本章的创新点在于使用最佳—最差方法（BWM），根据决策者的意见来识别可持续性的最关键因素。这项研究以位于印度北部的一家四轮驱动零件制造商为例进行了实证分析。结果表明，BWM 方法在兼顾定性和定量动机因素的同时，可以降低决策过程的复杂性。

在第 4 章中，Sharma 等认为在多数国家农民都是乳业的重要组成部分。印度是牛奶生产大国，印度乳业需要满足不断增长的需求，牛奶和相关产品的采购对于满足这一需求非常重要。采购是获取货物和服务的行为，该过程包括需求的准备和处理，以及最终收到货物和服务并批准付款。采购主要依靠技术和创新，本章重点是印度乳制品行业采购鲜乳的创新方案，并提出了四种做法和相关建议，有助于进一步提升印度乳业生产力。

# 致　谢

我们感谢所有参与这个项目的人的帮助，尤其是作者以及参加评审工作的专家。没有他们的支持，这本书就不会得以出版。

我们感谢每一位作者的贡献。编辑们感谢评审专家在提高各章的质量、一致性和内容呈现方面所作的宝贵贡献。大多数作者也担任评审，我们高度赞赏他们承担双重任务。

我们感谢泰勒－弗朗西斯集团 CRC 出版社的所有工作人员，在他们的协助和及时推进下终成此书。我们也感谢系列丛书的主编 Mangey Ram 教授对整个项目的帮助。

《焦点》丛书中本册主要关注可持续发展、创新和采购之间的联系，希望读者在阅读后分享你们的体会和经验。

# 编著者

Sachin Kumar Mangla 博士是英国普利茅斯大学普利茅斯商学院知识管理和商业决策专业讲师。他在绿色供应链、循环经济和可持续性、供应和运营管理跨学科研究、基于知识管理的决策、工业 4.0、风险管理、逆向物流、可再生能源和实证研究等领域工作均取得丰硕的研究成果。作者毕业于印度理工学院鲁尔基分校，获运营和供应链管理专业博士学位。热爱研究和写作，曾在 ABS 和 ABDC 索引国际期刊上发表若干篇论文，h 指数为 24，i10 指数为 32，谷歌学术引用超过 2000 次，曾获得 2017 年度高被引用论文奖。其主编了 CRC 出版社（Taylor & Francis Group）出版的《供应链运营中的可持续采购》一书，并担任 *Production Planning & Control*；*Resources, Conservation and Recycling*；*Annals of Operations Research*；*Management of Environmental Quality*；*Resources Policy*；*Journal of Enterprise Information Management* 等多本期刊特刊编辑。

Sunil Luthra 博士为印度国立工程技术学院（前身为政府工程学院）助理教授。在 JCP、IJPE、PPC、IJPR、RSER、RCR、EGY 等知名期刊上发表了 100 多篇研究论文，并参加了 SOM - 14、NITIE - POMS、AGBA、GLOGIFT 14 和 GLOGIFT 15 等著名国际会议。谷歌学术引用超过 2000 次，h 指数为 24。Researchgate（科研之门）分值为前 15%。研究领域为运营管理、绿色供应链管理、可持续的供应链管理、可持续消费和生产、逆向物流、可再生/可持续能源技术和商业可持续发展等。

# 感谢以下学者提供帮助

Vernika Agarwal
阿米提国际商学院
阿米提大学
印度北方邦诺伊达

Saty Dev
机械工程系
尼赫鲁国立理工学院
印度北方邦阿拉哈巴德

Yaşanur Kayikci
工程学院
土耳其阿尔曼大学
土耳其伊斯坦布尔

K. Mathiyazhagan
机械工程系
阿米提工程与技术学院
阿米提大学
印度北方邦诺伊达

Pravin P. Patil
机械工程系
葛瑞菲克时代大学（GEU）
印度北阿坎德邦德拉敦

Surya Prakash
机械工程系
BML 穆加尔大学
印度哈里亚纳邦古鲁格拉姆

Tuhin Sengupta
运营管理与量化技术系
印度管理学院印多尔分校
印度中央邦印多尔

Yogesh Kumar Sharma
机械工程系
葛瑞菲克时代大学（GEU）
印度北阿坎德邦德拉敦

Suwarna Shukla
运营管理与量化技术系
印度管理学院印多尔分校
印度中央邦印多尔

Rajeev Srivastava
机械工程系
尼赫鲁国立理工学院
印度北方邦阿拉哈巴德

Neema Tufchi
生物技术系
葛瑞菲克时代大学（GEU）
印度北阿坎德邦德拉敦

Pushpendra Yadav
机械工程系
工程学院
Dayalbagh 教育学院
印度北方邦阿格拉

# 目　录

# 章内容纲要

# 1 可持续采购的商业模式创新

——一个印度有机农业的案例研究

## 1.1 引言

农业为解决就业作出了很大贡献。虽然可以预计世界经济重心正在缓慢地向服务业转移，但从事农业的人口仍占全球就业岗位的26%以上（世界银行，2018a）。在全球排名方面，印度在世界农业产出中位居第三。从地理上看，印度人口占世界人口17%，2017年人口达到13.3亿人（世界银行，2018b）。尽管农业是印度国民经济的重要支柱，但农业对印度国内生产总值（GDP）的贡献却呈现下降的趋势。根据印度中央统计局的数据，2013—2014年，印度农业对GDP的贡献率为13.9%，而2010—2011年贡献率则为14.6%。与此相对应的是，农业部门在GDP中占比下降的幅度与服务业占比增长的幅度是一致的。此外，农业和相关部门的整体劳动力数量也在大幅下降，降幅达11个百分点（FICCI[①]，2015）。尽管该比例有所下降，印度仍有超过60%的农村家庭依赖农业，超过40%的劳动力仍然从事农业生产活动（FICCI，2015）。

印度农业领域存在多种问题导致减产。这些问题包括杂草生长（An et al.，2018；Fahad et al.，2015；Mani et al.，1968）、病虫害（Basak et al.，2017；Ghini et al.，2015；Savary et al.，1997）和过度使用转基因作物（Fuganti - Pagliarini et al.，2017；Qaim and Zilberman，2003）。此外，现有的流程驱动效率（传统农

① FICCI（Federation of Indian Chambers of Commerce and Industry）即印度工商联合会，是应圣雄甘地的号召于1927年成立的印度历史最悠久的全国性商会组织。该会有500多家地区与行业商会成员，遍布印度工商行业，代表印度25万家企业。1985年印度工商联合会与中国国际贸易促进委员会（CCPIT）签订合作备忘录，建立双边联合商业委员会。该会是亚洲博鳌论坛创始成员之一，是中印经贸联合研究小组印方成员单位之一。

业相较于有机农业）（Kirchmann，2018）和资源驱动效率（手工耕作工具相较于机械化耕作方法）（Geng et al.，2018；Rada and Fuglie，2018；Zhang et al.，2017；Dai and Dong，2014；Kislev and Peterson，1981；Culpin，1968）使农业生产力水平低下成为包括印度在内不少发展中国家存在的新问题。有机农业已被证明是提高农业整体产量的一个重要途径，可以减轻上述问题带来的影响。因此，从长远来看，采用有机农业方式耕作可以显著提高农作物产量。本章重点介绍了一个可持续采购战略架构，正是通过有机农业战略的实施，减轻了农业领域上述问题带来的影响。

印度是世界上发展较快的新兴经济体（Singh，2018；Mohanty et al.，2017），其惊人的发展速度归功于技术进步和在短时间内对商业运作流程的改造。健康食品是印度经济的一个重要组成部分。出于健康生活的迫切需要，消费者越来越青睐健康食品。市场趋势表明，人们对健康食品的需求不断增加。人们已经认识到农药和化肥对环境的有害影响，这为有机农产品开拓市场提供了大量机会。有机农产品大多属于高端细分市场，其市场价格也相对较高。对有机农产品的生产商和零售商而言，对高端客户和低端客户细分市场之间的差距缺乏足够的认知是一项重要的挑战。

然而，由于印度农业部门的许多固有限制，有机农业产业并不繁荣（Altenbuchner et al.，2017；Ditzler et al.，2018）。第一，农户没有接受过有机耕作标准操作程序的培训。第二，即使实施了相应流程，由于缺乏有机农业的耕作习惯，农户们并不能获得国际认证机构关于生产有机农产品的认证，并且这些认证条件是相当严苛的。第三，认证费用相当高昂，大多数居住在农村的农户处于社会金字塔底层（Bottom of the Pyramid，BoP），因此，对于他们来说，获取认证是极其困难的。第四，多年来通过使用化肥和农药，传统耕作方式提高了产量，因此对于这些处在金字塔底层的农户来说，让他们具有长期提升产量的战略眼光，将耕作方式转向有机农业是相当困难的。就此而言，农户更愿意关注短期产量，更愿意沿用传统农业耕作模式。

在这一章中，我们希望通过展示生产商在供应链中的可持续采购实践，促进印度的有机农业发展。生产商正在采用类似于共享经济方法的创新商业模式，以激励供应商（这些处于边缘化的农户）采用有机耕作（可持续采购）。因此，我们通过描述性案例研究的方法（Baxter and Jack，2008；Eisenhardt and Graebner，2007；Eisenhardt，1989）来解决以下研究问题。

问题1a：如何通过农业部门的创新实现采购的可持续性（Sengupta and

Shukla, 2019)?

问题1b：生产商如何激励边缘化农户去接受有机农业耕作?

问题1c：通过确保农业部门的可持续性采购实践，生产商实现了什么?

剩余章节会按照以下结构组织：1.2 节从基于获取的商业模式创新、金字塔底层和社会责任三个维度对学术文献进行了综述，以填补当前研究空白。1.3 节介绍了进行描述性案例研究的基本原理和细节。1.4 节介绍本章的分析和发现。1.5 节总结了本章的理论和实践意义。

## 1.2 文献综述

为了填补研究空白，我们提出一种观察商业运营的社会责任视角（Sodhi, 2015）。我们回顾了三个不同但相互关联领域的研究，即可持续性、财富金字塔（Sharma and Jaiswal, 2018）和共享价值方法。基于共享价值方法，我们讨论了共享经济（Belk, 2018），并通过强调基于获取的商业模式创新作为减轻印度等新兴市场风险的有效工具，将共享经济与财富金字塔联系起来（Schäfers et al., 2018）。随后，我们试图总结所有这些领域之间的联系，从而增加与可持续性相关文献的学术价值。

### 1.2.1 可持续性和可持续采购

可持续性已经成为大型企业启动可持续发展倡议的工具，作为其企业社会责任的一种形式，这意味着通过企业职能实现社会责任（Sodhi, 2015）。关于可持续发展的现有文献涵盖了可持续发展的三大支柱——社会、环境和经济（Mota et al., 2015; Seuring and Müller, 2008）。运营管理（OM）文献非常重视环境的研究视角，却一直忽视可持续性的社会研究视角（Carter and Rogers, 2008; Hutchins and Sutherland, 2008）。可持续采购的文献亦是如此，因为采购通常只在运营管理文献中提及。

由于供应商在整个供应链中的重要性，可持续采购文献数量在过去十年中稳步增长（Sengupta and Shukla, 2019）。然而，关于粮食/食品行业可持续发展的文献却相对很少。Rimmington 等（2006）制定了英国公共部门餐饮市场可持续采购的原则和绩效指标。Hanson 和 Holt（2014）评估了英国和爱尔兰动物园的可持续食品采购。Park 等（2012）对加拿大各大学的可持续粮食采购方案进行了比较分析。同样，Stahlbrand（2017）通过价值驱动的食品供应链，展示了加拿大和英国大学采购过程的可持续性。Goggins（2018）确定了不同组织内部的关键背景因素，这些因素有助于塑造整个供应链中的整体可持续采购过程。可持续发展委员会（2002）记录了食品采购对可持续发展的贡献，并强调了采购计划和其对民众健康的影响之间的联系。类似的工作也在西欧的食品公司中广泛展开（Lacroix et al.，2015）。Filippini 等（2018）识别了公立学校改进有机食品采购的重要因素。本研究也关注民众健康和社会福利部分，试图展示有机农业实践如何通过基于获取的商业模式创新来有效影响社区民众的健康，进而实现可持续发展。我们已经证明，生产商的采购战略是确保有机农业的重要先决条件。因此，该战略需要在实践层面实施（Sengupta and Shukla，2019）。

### 1.2.2 “穷人”、金字塔底层和共享价值

财富金字塔理论（Bottom of the Pyramid，BoP）认为跨国公司应通过让“穷人”或者边缘化人口（Marginalized Populations）作为供应商和分销商参与整个供应链中来增加利润（Sodhi，2015）。大多数灰色文献①都关注作为消费者的“穷人”。例如，联合利华向发展中国家的贫困消费者出售小包装的皮肤美白产品（Karamchandani et al.，2011）。Christensen 等（2015）描述了一种可预防水介传播疾病的过滤器产品的价格折扣策略，将“穷人”视为此类生活必需品的消费者。与此相反，Karnani（2007）运用经济学推理，认为商品不应该被销售给边缘化的消费者。然而，很少有证据表明穷人可以作为供应商，这可能导致社会出现财富金字塔（Sodhi and Tang，2014）。我们的研究弥补了现有研究的不足，将“穷人作为供应商”纳入供应链，目的是通过创新实现可持续的采购实践。然而，通过创新对企业进行重新设计从来都不是一件容易的事，且需要相当多的背景知识来实现。“共享价值”的概念提供了充足的背景知识（Porter and Kramer，2006）。它表明，通过对业务流程的改进

① 灰色文献（Grey literature）是相对于白色文献（White literature）和黑色文献（Black literature）而言的。白色文献通常是指公开出版发行且具有国际标准刊号（ISSN）或国际标准书号（ISBN）的正式出版物。黑色文献是指不对外公开、具有完全保密性质的文献。灰色文献介于白色文献与黑色文献之间，虽然已经发行，但很难从一般图书销售渠道和常规方式获得。

和重新设计，跨国公司可以与处于财富金字塔底层的人分享积累的利益，从而实现可持续性三大支柱之间的交融。“共享价值”的概念为这些边缘化的利益相关者提供了可观的收益，同时又不牺牲公司的价值增值（Coff，1999）。因此，我们建议通过研究基于获取的商业模式创新来践行“共享价值”的概念（Schäfers et al.，2018）。

基于获取的商业（Access - Based Business，ABB）模式创新确保了在没有所有权的情况下获得货物或服务；人们可以通过支付使用费获得使用权，而使用费通常低于所有权成本（Wiprächtiger et al.，2019；Poppelaars et al.，2018；Carroll and Buchholtz，2012；Matzler et al.，2015）。这有助于确保处于边缘化的底层民众能够通过按次付费模式消费一些基本生活消费品（Sengupta et al.，2019；Belk，2014；Catulli et al.，2013）。ABB 模式为底层消费者或利益相关者提供了更好的效用，并解决了这些人因面临所有权风险和负担能力问题所带来的挑战（Karnani，2007）。ABB 相关研究文献涉及常见的共享经济模式，如共享汽车、共享房间等（Bardhi and Eckhardt，2012；Satama，2014）。近年来，关于共享经济的文献不断涌现。例如，Hamari 等（2016）分析了消费者参与合作消费的原因。Mohlmann（2015）分析了合作消费背景下共享经济模式的可能性。Heinrichs（2013）展示了共享经济模式在实现工作场景可持续性方面的作用。相反，Malhotra 和 Van Alstyne（2014）则论述了共享经济模式对不同利益攸关方的负面影响。Cusumano（2015）描述了传统企业在共享经济环境中竞争的方式。在本研究中，我们将解释 ABB 模式的一个形式，即基于现实需求，生产商采用按次付费模式，并激励“穷人作为供应商”实施有机耕作，以实现供应链的可持续性。本研究设计如图 1 - 1 所示。

## 1.3 研究方法

本研究方法分为三个部分。首先，我们解释了采用描述性单一案例方法进行研究的基本原理。其次，简要介绍了案例的组织结构、产品组合及其在国内外市场的状况。最后，我们简要说明收集数据的方法和我们分析数据的方法，并提出相关建议。

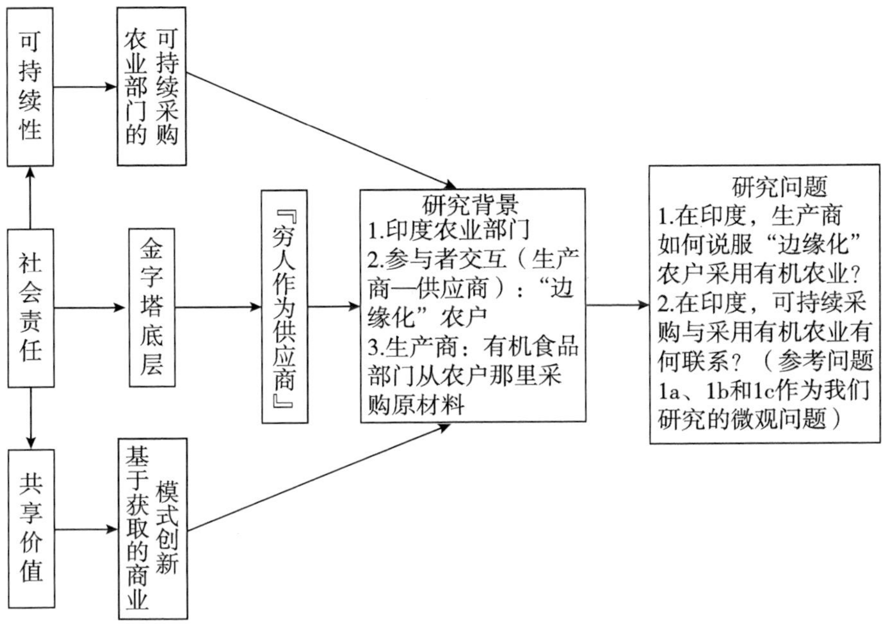


**图 1－1　研究设计**

## 1.3.1　单一案例研究方法的基本原理

我们案例的关注点有两个方面：一是"怎样"让一个生产商可以基于业务模式创新在供应商（农户）之中实现有机农业；二是"为什么"需要激励农户采取这种实践。案例研究设计是回答这些问题最合适的方法（Yin，2003）。当然，我们采用案例研究设计还有其他原因。

首先，我们不能操纵参与研究的实验对象的行为（Baxter and Jack，2008）。其次，我们认为强调与所研究现象相关的背景条件是很重要的。此外，识别分析单元也很重要（Miles et al.，1994）。我们决定分析生产商和供应商之间的流程，以识别供应链中与双方相关的激励机制。

单一案例研究方法要先选择案例研究的类型。经过仔细的分析和观察，我们认为最合适的案例研究设计应该是描述性的案例研究，因为在描述性的案例研究中，作者通常会在现实生活中解释和描述干预或现象（Baxter and Jack，2008；Yin，2003；Tolson et al.，2002）。根据我们对研究问题的理解，我们意识到通过案例研究中的解释性（Joia，2002）或探索性（Lotzkar and

Bottorff，2001）方法无法很好地回答这个问题。最后决定是采用单个案例研究还是多个案例研究的方法。我们的研究问题需要通过对案例的子单元进行分析，对这一现象进行探究。例如，要洞悉采购合同中的激励机制，就需要洞悉印度农业部门普遍存在的背景因素并了解印度农业合作社普遍存在的挑战。因此，在我们的研究中，更谨慎的做法是进行案例内部分析或案例间分析（Ayres et al.，2003），而不是交叉案例分析（Jones et al.，2009），这将使研究更加严谨。因此，我们采用了单一案例研究方法，而不是多个案例研究方法（Stake，2013）。

### 1.3.2 案例组织

本案例研究中的企业位于印度北部，以生产草药保健产品闻名，这些有机产品采购于不同的农场。该组织的一个主要信念是，整株草药比植物提取物更有益。因此，最佳策略是维持草药适当的种植条件，以保持其最佳的效力。然而，有机种植的草药往往是人工收获、本地加工。为了避免光化学分解，加工后的草药需要在无菌环境中脱水，然后填充到素食胶囊中，确保其没有任何毒性，并以最高质量送达客户。这些产品通常在美国、英国、加拿大和印度等市场销售。产品组合有三个垂直产品，即 Tulsi①（图尔西）饮料茶冲剂、草药配方和包装食品。

该公司被认为是世界上较早将罗勒作为草药茶产品引入市场的公司之一。罗勒草的益处是抗氧化、缓解压力和增强免疫力。目前，各种各样的罗勒茶和冲剂以茶包或罐装的形式销售，产品中还包括甜柠檬、绿茶、茉莉花茶和蜂蜜甘菊。这种草药被证实没有副作用。例如，研究认为印度人参②用于减压和增强活力，Breathe Free③ 用于呼吸系统症状缓解，Trikatu④ 用于缓解消化不良。

---

① Tulsi 是植物罗勒的一个品种，原产于印度，音译图尔西，在印度语中是无与伦比的意思。图尔西茶不含麸质和有机物，有助于消化和身体自然排毒。

② 印度人参也称为南非醉茄（Ashwagandha），也叫冬樱花、催眠睡茄。在印度很常见，可入药。内含生物碱、甾类内酯、南非醉茄内酯和铁，生物碱有镇静止痛、降血压、消炎作用，可以抑制癌细胞生长，还可用于缓解红斑狼疮及风湿性关节炎的症状等。在印度的草药治疗中主要应用于滋补强身，尤其是在工作过度或精神疲劳的时候，用以恢复精力，对慢性疲劳症候群有显著作用。

③ 一种印度草药，可以提神醒脑，缓解过敏和感冒引起的充血和不适。

④ Trikatu 是一种含有生姜根茎、印度长辣椒和黑胡椒的膳食补充剂，名字来自一个梵语术语，可以翻译为“三种香料”。其可用于一种古老的阿育吠陀疗法，能够帮助消化。

### 1.3.3 数据收集和分析方法

我们采取了系统的案例研究方法，并确定了案例组织的关键利益相关者去收集数据。最初，我们与案例组织的高级主管进行了非正式讨论，了解了整体商业模式。此外，我们还与主要决策者和利益相关者（包括农户、农户顾问和营销团队）进行了半结构化的访谈。农户有自己的土地，目前依附于案例组织的目的是以供应商的身份参与采购。农户顾问是案例组织的典型代表，其职责是确保标准操作程序在农场被执行。营销团队负责将最终产品销售到市场，并且不断向生产团队提供反馈。对半结构化访谈的录音进行分析，分析是基于本章前面提到的研究问题进行的。研究方法框架如图 1 –2 所示。

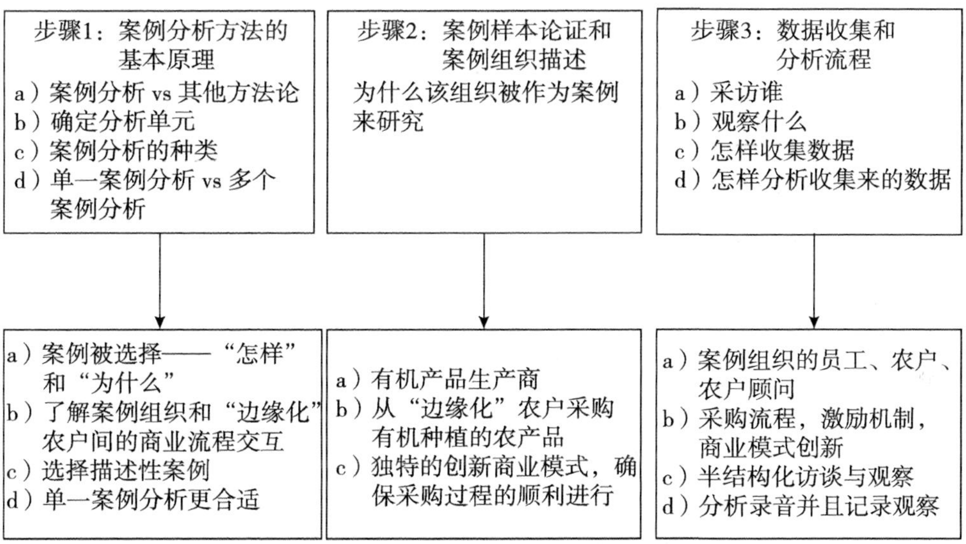


**图 1 –2 研究方法框架**

## 1.4 分析和发现

我们研究了这样一个场景，案例组织是一个有机产品的生产商（如罗勒茶形式的有机茶、姜茶、印楝茶，以及相同产品的各种不同组合）。生产商在说服农户以有机方式种植农产品方面面临着严峻的挑战。这个挑战变成了一项艰巨的任务，因为生产商必须确保这些农田获得全球标准认证。考虑到印度的背景因素，大多数农户处于财富金字塔底层的水平。因此，多年来，农户已经从有机耕作方式退回到传统耕作方式，寄希望于农业产量能随着化肥和杀虫剂的使用大幅提高，这在 20 世纪 90 年代的印度绿色革命中表现得很明显。然而，农户没有意识到，由于不断使用化肥和杀虫剂，自然土壤的养分和肥力水平已经降低。因此，生产力每年持续下降，农户被迫使用更多的化肥和杀虫剂，这反过来又进一步降低了土壤质量（Savary et al.，1997）。因此，由于土壤养分的严重退化，从长远来看，农户的收入潜力将减小。在印度这样的新兴市场，由于农户通常只拥有小块土地，无法进行规模种植，这类问题会进一步恶化。解决这类问题的唯一办法是将传统耕作方式转变为有机耕作方式。这不仅将改善农户的经济和社会条件，而且从长远来看也将改善土壤的质量。此外，在健康方面，有机食品被认为对终端消费者有益。因此，最后的挑战是说服农户采用有机耕作方式。由于农户是供应商，而案例组织是生产商，最优的采购合约应该是激励农户采用有机耕作方式，而不是继续使用传统耕作方式。

我们发现农户非常不愿意在他们的农田里种植有机作物，原因多种多样。第一，他们缺乏有机农业标准操作程序方面的专业知识，因为过去两代人一直在遵循传统耕作方式。第二，传统的耕作方式带给他们更高的产量，他们不愿意相信使用化肥和杀虫剂会导致土壤退化，从而降低产量。第三，他们已经习惯了那个被反复验证的模式，即农业企业持续购买他们的产品，并对他们目前的状况感到满意。第四，农户无法衡量有机食品的市场潜力和市场上可能的制造商，因为他们不确定这类有机食品的需求。第五，在指定区域内生产有机蔬菜水果相当耗时（仅土地准备就需要 2 ~ 3 年）。第六，认证和培训的成本太高，超出了“边缘化”农户的能力范围。

因此，案例组织有必要提出一种不同的商业模式来激励农户。案例组织设计了由三部分组成的费用系统，一部分是直接支付的费用，另两部分是案例组织在协助采用有机耕作的实践中所承担的费用。

接下来我们详细讨论合约的每一部分，以便更好地理解激励制度。第一部分是每单位农产品的价格要高于竞争对手向传统农业生产的产品支付的价格。此外，案例组织确保从农场采购的每一件商品都是以溢价购买的，即使与生产商理想的库存水平相违背。这为农户进行有机农业实践提供了最基本的激励。基于激励和逆向选择理论的文献，可以认为这种主动性减少了参与过程中的约束，这意味着采取有机耕作方式的农户的净效用应该是积极的。由于案例组织支付了溢价并购买了所有的农产品，农户在一定程度上愿意承担与有机农业相关的风险。然而，应该指出的是，案例组织需要进一步激励，使农户增加生产，以保证供应持续，满足未来的需求。

因此，案例组织需要将合约定位为这样一种方式，即激励农户向案例组织提供更大的农场面积。农田不属于案例组织所有，因此该组织与农户分享农产品的收益，这个模型很好地描述了共享经济模型（基于获取的消费）。

这里的合约内容如下：与案例组织共享的耕地面积越大，案例组织为农户提供的社会和经济效益份额就越高。社会和经济效益是之前提到的费用系统的另外两部分。第一部分是案例组织承担的认证和培训成本，其随着共享农场面积的增加而增加。它确保"边缘化"农户不必为有机农业的全球认证和培训支付费用。第二部分是农村妇女在医疗保险和就业方面的社会效益，这同样依赖于共享的农业区域。

因此，案例组织对每增加 1 公顷（1 公顷 = 10000 平方米）用于有机农业的土地采用了按次付费模式（认证、培训、就业、农产品、溢价），而不是取得任何农田的所有权。这正是文献中提到的基于获取的商业模式创新的变体，即一方通过按次使用付费的模式获取产品或服务。进一步可以认为，该模型类似于逆向选择理论中的激励相容约束，即一方被激励从合约条款中选择一种类型的合同。在我们的案例中，与传统耕作方式相比，"边缘化"农户被激励选择有机耕作。

因此，在合约设计方面，健全的采购政策可以确保在田间层面（field level）实施可持续采购实践。我们展示了成功的商业模式创新的综合框架，通过采用有机耕作方式来促进可持续采购实践，如图 1 - 3 所示。

我们记录了以下与采用有机耕作方式有关的经验。

（1）有机耕作方式提高了"边缘化"农户的生活水平，这符合额外收入和健康福利。

（2）有机耕作方式确保了终端消费者可以食用健康食品，从而间接促进了可持续发展目标的实现。

（3）有机耕作方式提高了土壤养分的质量，从而更环保。

（4）基于获取的商业模式创新显示了合适的采购合约设计的重要性，确保了有机耕作方式是一种可行的、与传统耕作方式可竞争的选择。

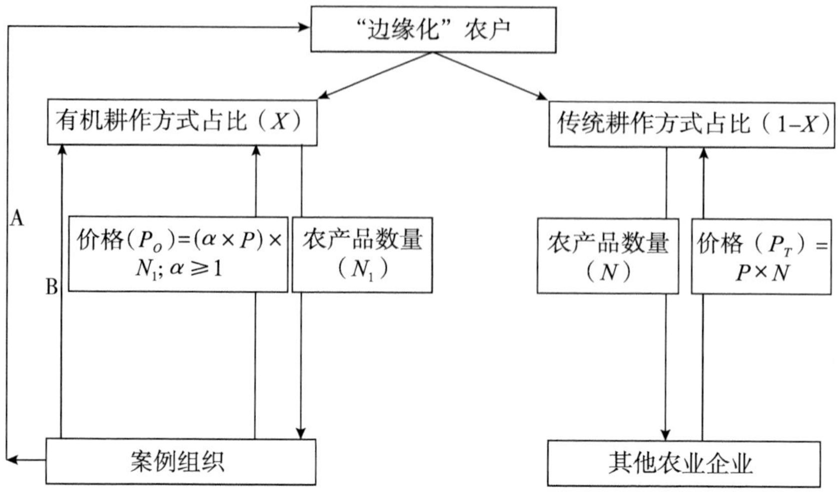


**图 1-3　农业部门采用可持续采购的综合框架**

注：A = 社会效益（免费健康检查、妇女就业、有机耕作方式培训）；B = 经济效益（每英亩（1英亩≈4047 平方米）土地认证费用 + 农产品包收，不论零售商是否售出）。其他好处：（1）与传统耕作方式相比，农民的销售价格更高；（2）更高的社会福利和更高的经济利益——如果农民愿意分享更大的 X（有机耕作占土地的比值），增速会加快。

简言之，商业模式创新有助于确保采购过程的可持续性，特别强调"边缘化"农户（供应商）的社会可持续性。这是对运营管理在社会可持续性方面研究的有力补充。此外，环境效益的积累对土壤健康和终端消费者也有好处，让终端消费者得到没有化肥和杀虫剂的食品。

## 1.5　结论

本章阐述了基于获取的商业模式创新在促进印度有机农业方面的应用，目的是在采购过程中实现可持续性（RQ 1a）。我们进行了单一案例研究，分析了生产商激励农户（从经济效益和社会效益两方面）以促进可持续采购实践的方式（RQ 1b）。我们发现，不仅农户和案例组织受益，最终消费者也将从健康食品的生产中受益。我们进一步证明，从长远来看，有机耕作实践提升了农产品的整体产量并促进了环境生态平衡（RQ 1c）。我们的研究通过促进创新、环境升级、"穷人"的社会利益和跨国公司的经济可持续性，以及向其客户提供安全和健康的食品，致力于实现一系列可持续发展目标（SDG1、

SDG2、SDG3、SDG8、SDG9 和 SDG12)①。本章提供了一个重要的框架，论证了企业社会责任在跨国公司的重要性（Sodhi，2015）。

### 1.5.1　研究意义

本章对创新（Sinha et al.，2019）、可持续采购和产业组织等相关领域均具有重要的研究意义。第一，本章通过关注农业部门按次使用付费模式的特点，增加了基于获取的商业模式创新的文献，从而促进可持续采购的实践（Schor and Fitzmaurice，2015）。第二，关于农业部门可持续采购的研究存在不足，因此，本章提供了一个研究范式，展示如何通过有机农业实现社会和环境的可持续性（Filippini et al.，2018）。第三，本章提出了产业组织框架下的激励理论（Laffont and Tirole，1993）。生产商主要为农户提供最基本的激励，以让他们接受有机农业的概念。农户可以选择有机耕作与传统耕作（Balakrishnan and Koza，1993）等不同合约；生产商则通过设计激励措施使农户从有机耕作方式中获得比传统方式更多的收益。

### 1.5.2　实践和社会影响

本章为企业实践和政策制定提供了重要的经验。首先，本研究为未来企业家在新兴市场采用激励驱动机制促进底层农户采用有机耕作方式提供了坚实的基础。激励机制研究颇丰，这些研究有力地验证了关于农业合约相关理论（Sainathan and Groenevelt，2019；Shen et al.，2019）。

其次，本研究提供了一个范式，在共享经济模式的框架下，当今的农业企业如何进一步深入促进可持续采购创新。因此，这项研究是对农业和粮食部门共享经济文献的补充（Richards and Hamilton，2018）。此外，本研究描述了在这一过程中有利于所有利益相关者的价值共创。随着农户收入的增加，土壤养分水平的提高，买家的商业模式不断走向成功，为客户提供健康的食品。这是对关于共享经济的价值共同创造方面文献的补充，强调减少价格战、有必要寻找在经济中共存的创新方式（Zhang et al.，2018）。

---

①　SDG 为 2015 年联合国峰会通过的《2030 年可持续发展议程》中的 17 项可持续发展目标（SDGs）。其中 SDG1、SDG2、SDG3、SDG8、SDG9 和 SDG12 分别对应的目标是无贫穷，零饥饿，良好健康与福祉，体面工作和经济增长，产业、创新和基础设施以及负责任生产和消费。

最后，本研究为农业政策制定者在制定可持续农业政策时充分了解财富金字塔底层民众的实际需求提供了关键指引。换言之，农业政策制定者必须注重激励驱动的计划，使农户认同可持续农业，并从长期角度看待农业产量。采用可持续农业的做法可能会降低目前人口从农村向城市迁徙的速度。此外，从长远来看，目前农业产量低的问题将逐渐改善，从而为印度不断增长的人口提供更多的粮食，并改善“边缘化”农户的福利。

### 1.5.3 局限性

本研究有一定的局限性，这也为以后的研究提供了思路。首先，本研究没有考虑到现有以农业为基础的企业为推广传统农业做法而提供的激励措施。因此，我们无法获得生产商层面的竞争对案例组织决策变量的影响。其次，本研究没有考虑可持续发展实践对财富金字塔底层民众社会福利的可衡量影响程度。由于经营管理中关于社会可持续性方面文献的局限，本研究未能深入探讨可持续发展实践对“边缘化”农户的可衡量影响。最后，本研究可以通过使用多个案例研究方法来验证研究结果以获得更好的理解。与其采用跨案例分析来捕获和比较可持续的采购实践，不如采用类似的多个案例组织来对导致印度采用有机产品农业的重要因素进行三角分析。然而，由于印度缺乏大规模的有机产品生产企业，本研究局限于一个组织。

## 参考资料

[1] Altenbuchner, C., Vogel, S., & Larcher, M. (2017). Social, economic and environmental impacts of organic cotton production on the livelihood of smallholder farmers in Odisha, India. *Renewable Agriculture and Food Systems*, 33 (4), 373 - 385.

[2] An, Y., Gao, Y., & Ma, Y. (2018). Growth performance and weed control effect in response to nitrogen supply for switchgrass after establishment in the semiarid environment. *Field Crops Research*, 221, 175 - 181.

[3] Ayres, L., Kavanaugh, K., & Knafl, K. A. (2003). Within - case and across - case approaches to qualitative data analysis. *Qualitative Health Research*, 13

(6), 871 -883.

[4] Balakrishnan, S., & Koza, M. P. (1993). Information asymmetry, adverse selection and joint - ventures: Theory and evidence. *Journal of Economic Behavior & Organization*, 20 (1), 99 -117.

[5] Bardhi, F., & Eckhardt, G. M. (2012). Access - based consumption: The case of car sharing. *Journal of Consumer Research*, 39 (4), 881 -898.

[6] Basak, S., Das, S. S., & Pal, S. (2017). Nonlinear modelling of rice leaf folder infestation on Boro rice in Pundibari (A part of Cooch Behar district). *Journal of Entomology and Zoology Studies*, 5 (2), 967 -972.

[7] Baxter, P., & Jack, S. (2008). Qualitative case study methodology: Study design and implementation for novice researchers. *The Qualitative Report*, 13 (4), 544 -559.

[8] Belk, R. (2014). You are what you can access: Sharing and collaborative consumption online. *Journal of Business Research*, 67 (8), 1595 -1600.

[9] Belk, R. (2018). Foreword: The Sharing Economy. *The Rise of the Sharing Economy: Exploring the Challenges and Opportunities of Collaborative Consumption.* ABC -CLIO, Santa Barbara, CA, pp. ix -xii.

[10] Carroll, A., & Buchholtz, A. (2015). *Business and Society: Ethics, Sustainability, and Stakeholder Management*, 9th edn. Cengage Learning, Stamford, CT.

[11] Carter, C. R., & Rogers, D. S. (2008). A framework of sustainable supply chain management: Moving toward new theory. *International Journal of Physical Distribution & Logistics Management*, 38 (5), 360 -387.

[12] Catulli, M., Lindley, J. K., Reed, N. B., Green, A., Hyseni, H., & Kiri, S. (2013). What is Mine is NOT Yours: Further insight on what access - based consumption says about consumers. *In Consumer Culture Theory* (pp. 185 - 208). Emerald Group Publishing Limited.

[13] Coff, R. W. (1999). When competitive advantage doesn't lead to performance: The resource - based view and stakeholder bargaining power. *Organization Science*, 10 (2), 119 -133.

[14] Culpin, C. (1968). *Profitable Farm Mechanization.* C. Lockwood, London.

[15] Cusumano, M. A. (2015). How traditional firms must compete in the sharing economy. *Communications of the ACM*, 58 (1), 32 – 34.

[16] Dai, J., & Dong, H. (2014). Intensive cotton farming technologies in China: Achievements, challenges and countermeasures. *Field Crops Research*, 155, 99 – 110.

[17] Ditzler, L., Breland, T. A., Francis, C., Chakraborty, M., Singh, D. K., Srivastava, A., ... and Decock, C. (2018). Identifying viable nutrient management interventions at the farm level: The case of smallholder organic Basmati rice production in Uttarakhand, India. *Agricultural Systems*, 161, 61 – 71.

[18] Eisenhardt, K. M. (1989). Building theories from case study research. *Academy of Management Review*, 14 (4), 532 – 550.

[19] Eisenhardt, K. M., & Graebner, M. E. (2007). Theory building from cases: Opportunities and challenges. *The Academy of Management Journal*, 50 (1), 25 – 32.

[20] Fahad, S., Hussain, S., Chauhan, B. S., Saud, S., Wu, C., Hassan, S., ... & Huang, J. (2015). Weed growth and crop yield loss in wheat as influenced by row spacing and weed emergence times. *Crop Protection*, 71, 101 – 108.

[21] FICCI. (2015). *Transforming Agriculture through Mechanisation.* Grant Thornton India LLP, New Delhi, India.

[22] Filippini, R., De Noni, I., Corsi, S., Spigarolo, R., & Bocchi, S. (2018). Sustainable school food procurement: What factors do affect the introduction and the increase of organic food? *Food Policy*, 76, 109 – 119.

[23] Fuganti – Pagliarini, R., Ferreira, L. C., Rodrigues, F. A., Molinari, H. B., Marin, S. R., Molinari, M. D., ... & Neumaier, N. (2017). Characterization of soybean genetically modified for drought tolerance in field conditions. *Frontiers in Plant Science*, 8, 448.

[24] Geng, Y., Yu, H., Li, Y., Tarafder, M., Tian, G., & Chappell, A. (2018). Traditional manual tillage significantly affects soil redistribution and $CO_2$ emission in agricultural plots on the Loess Plateau. *Soil Research*, 56 (2), 171 – 181.

[25] Ghini, R., Torre – Neto, A., Dentzien, A. F., Guerreiro – Filho, O., Iost, R., Patrício, F. R., ... & DaMatta, F. M. (2015). Coffee growth, pest and yield responses to free – air $CO_2$ enrichment. *Climatic Change*, 132 (2), 307 – 320.

[26] Goggins, G. (2018). Developing a sustainable food strategy for large organizations: The importance of context in shaping procurement and consumption practices. *Business Strategy and the Environment*, 27 (2), 838 -848.

[27] Hamari, J., Sjöklint, M., & Ukkonen, A. (2016). The sharing economy: Why people participate in collaborative consumption. *Journal of the Association for Information Science and Technology*, 67 (9), 2047 -2059.

[28] Hanson, J., & Holt, D. (2014). Sustainable food procurement in British and Irish zoos. *British Food Journal*, 116 (10), 1636 -1651.

[29] Heinrichs, H. (2013). Sharing economy: A potential new pathway to sustainability. *GAIA - Ecological Perspectives for Science and Society*, 22 (4), 228 -231.

[30] Hutchins, M. J., & Sutherland, J. W. (2008). An exploration of measures of social sustainability and their application to supply chain decisions. *Journal of Cleaner Production*, 16 (15), 1688 -1698.

[31] Joia, L. A. (2002). Analysing a web - based e - commerce learning community: A case study in Brazil. *Internet Research*, 12 (4), 305 -317.

[32] Jones, N. A., Perez, P., Measham, T. G., Kelly, G. J., d' Aquino, P., Daniell, K. A., ... & Ferrand, N. (2009). Evaluating participatory modeling: Developing a framework for cross - case analysis. *Environmental Management*, 44 (6), 1180.

[33] Jones Christensen, L., Siemsen, E., & Balasubramanian, S. (2015). Consumer behavior change at the base of the pyramid: Bridging the gap between for - profit and social responsibility strategies. *Strategic Management Journal*, 36 (2), 307 -317.

[34] Karamchandani, A., Kubzansky, M., & Lalwani, N. (2011). Is the bottom of the pyramid really for you. *Harvard Business Review*, 89 (3), 107 -111.

[35] Karnani, A. (2007). The mirage of marketing to the bottom of the pyramid: How the private sector can help alleviate poverty. *California Management Review*, 49 (4), 90 -111.

[36] Kirchmann, H. (2018). Victor M. Shorrocks: Conventional and organic farming—A comprehensive review through the lens of agricultural science. *Journal of Plant Nutrition and Soil Science*, 181 (3), 471 -471.

[37] Kislev, Y., & Peterson, W. (1981). Induced innovations and farm mechanization. *American Journal of Agricultural Economics*, 63 (3), 562 -565.

[38] Lacroix, R. N., Laios, L., & Moschuris, S. (2015). A model to measure SMEs sustainable procurement implementations from a study of Western European Food and Beverage Companies. *Journal of Regional & Socio - Economic Issues*, 5 (3), 47 -49.

[39] Laffont, J. J., & Tirole, J. (1993). *A Theory of Incentives in Procurement and Regulation.* MIT Press, Cambridge, MA.

[40] Lotzkar, M., & Bottorff, J. L. (2001). An observational study of the development of a nurse - patient relationship. *Clinical Nursing Research*, 10 (3), 275 -294.

[41] Malhotra, A., & Van Alstyne, M. (2014). The dark side of the sharing economy... and how to lighten it. *Communications of the ACM*, 57 (11), 24 -27.

[42] Mani, V. S., Gautam, K. C., & Chakraborty, T. K. (1968). Losses in crop yield in India due to weed growth. *International Journal of Pest Management C*, 14 (2), 142 -158.

[43] Matzler, K., Veider, V., & Kathan, W. (2015). Adapting to the sharing economy. *MIT Sloan Management Review*, 58 (2), 71 -77.

[44] Miles, M. B., Huberman, A. M., Huberman, M. A., & Huberman, M. (1994). *Qualitative Data Analysis: An Expanded Sourcebook.* Sage.

[45] Mohanty, S., Patra, P. K., Sahoo, S. S., & Mohanty, A. (2017). Forecasting of solar energy with application for a growing economy like India: Survey and implication. *Renewable and Sustainable Energy Reviews*, 78, 539 -553.

[46] Möhlmann, M. (2015). Collaborative consumption: Determinants of satisfaction and the likelihood of using a sharing economy option again. *Journal of Consumer Behaviour*, 14 (3), 193 -207.

[47] Mota, B., Gomes, M. I., Carvalho, A., & Barbosa - Povoa, A. P. (2015). Towards supply chain sustainability: Economic, environmental and social design and planning. *Journal of Cleaner Production*, 105, 14 -27.

[48] Park, B., Reynolds, L., & Initiative, P. G. (2012). Local and Sustainable Food Procurement. *Public Good Initiative.* Retrieved from http: //studentfood. ca/wp - content/uploads/2012/08/Public - Good - Initiative - Local - and -

Sustainable – Food – Procurement – A – comparativeanalysis. pdf.

[49] Poppelaars, F., Bakker, C., & van Engelen, J. (2018). Does access trump ownership? Exploring consumer acceptance of access – based consumption in the case of smartphones. *Sustainability*, 10 (7), 2133.

[50] Porter, M. E., & Kramer, M. (2006). The link between competitive advantage and corporate social responsibility. *Harvard Business Review*, 84 (12), 78 – 92.

[51] Qaim, M., & Zilberman, D. (2003). Yield effects of genetically modified crops in developing countries. *Science*, 299 (5608), 900 – 902.

[52] Rada, N. E., & Fuglie, K. O. (2018). New perspectives on farm size and productivity. *Food Policy*, 84, 147 – 152.

[53] Richards, T. J., & Hamilton, S. F. (2018). Food waste in the sharing economy. *Food Policy*, 75, 109 – 123.

[54] Rimmington, M., Carlton Smith, J., & Hawkins, R. (2006). Corporate social responsibility and sustainable food procurement. *British Food Journal*, 108 (10), 824 – 837.

[55] Sainathan, A., & Groenevelt, H. (2019). Vendor managed inventory contracts – coordinating the supply chain while looking from the vendor's perspective. *European Journal of Operational Research*, 272 (1), 249 – 260.

[56] Satama, S. (2014). Consumer adoption of access – based consumption services: Case AirBnB. Master's thesis, Aalto University, Espoo, Finland.

[57] Savary, S., Srivastava, R. K., Singh, H. M., & Elazegui, F. A. (1997). A characterisation of rice pests and quantification of yield losses in the rice – wheat system of India. *Crop Protection*, 16 (4), 387 – 398.

[58] Schäfers, T., Moser, R., & Narayanamurthy, G. (2018). Access – based services for the Base of the Pyramid. *Journal of Service Research*, 21 (4), 421 – 437.

[59] Schor, J. B., & Fitzmaurice, C. J. (2015). Collaborating and connecting: The emergence of the sharing economy. Reisch, L. A., & Thøgersen, J. (Eds.), *Handbook of Research on Sustainable Consumption*. Edward Elgar Publishing, Cheltenham, UK, pp. 410 – 426.

[60] Sengupta, T., Narayanamurthy, G., Moser, R., & Hota, P. K. (2019). Sharing app for farm mechanization: Gold Farm's digitized access based so-

lution for financially constrained farmers. *Computers in Industry*, 109, 195 – 203.

[61] Sengupta, T., & Shukla, S. (2019). Conceptual framework in sustainable procurement. Mangla, S. K., Luthra, S., Jakhar, S. K., Kumar, A., & Rana, N. P. (Eds.), *Sustainable Procurement in Supply Chain Operations.* CRC Press, Boca Raton, FL, pp. 3 – 38.

[62] Seuring, S., & Müller, M. (2008). From a literature review to a conceptual framework for sustainable supply chain management. *Journal of Cleaner Production*, 16 (15), 1699 – 1710.

[63] Sharma, G., & Jaiswal, A. K. (2018). Unsustainability of sustainability: Cognitive frames and tensions in bottom of the pyramid projects. *Journal of Business Ethics*, 148 (2), 291 – 307.

[64] Shen, B., Choi, T. M., & Minner, S. (2019). A review on supply chain contracting with information considerations: Information updating and information asymmetry. *International Journal of Production Research*, 57 (15 – 16), 4898 – 4936.

[65] Singh, R. (2018). Energy sufficiency aspirations of India and the role of renewable resources: Scenarios for future. *Renewable and Sustainable Energy Reviews*, 81, 2783 – 2795.

[66] Sinha, A., Sengupta, T., & Alvarado, R. (2019). Interplay between technological innovation and environmental quality: Formulating the SDG policies for next 11 economies. *Journal of Cleaner Production*, 242, 118 – 549.

[67] Sodhi, M. S., & Tang, C. S. (2014). Supply – chain research opportunities with the poor as suppliers or distributors in developing countries. *Production and Operations Management*, 23 (9), 1483 – 1494.

[68] Sodhi, M. S. (2015). Conceptualizing social responsibility in operations via stakeholder resource – based view. *Production and Operations Management*, 24 (9), 1375 – 1389.

[69] Stahlbrand, L. (2017). Can values – based food chains advance local and sustainable food systems? Evidence from case studies of university procurement in Canada and the UK. *International Journal of Sociology of Agriculture & Food*, 24 (1), 77 – 95.

[70] Stake, R. E. (2013). *Multiple Case Study Analysis.* Guilford Press. Sustainable Development Commission. (2002). *Food Procurement for Health*

*and Sustainable Development: Summary of Work Submitted Sustainable Procurement Group*. Sustainable Development Commission, London.

[71] Tolson, D., Fleming, V., & Schartau, E. (2002). Coping with menstruation: Understanding the needs of women with Parkinson's disease. *Journal of Advanced Nursing*, 40 (5), 513 –521.

[72] Wiprächtiger, D., Narayanamurthy, G., Moser, R., & Sengupta, T. (2019). Access – based business model innovation in frontier markets: Case study of shared mobility in Timor – Leste. *Technological Forecasting and Social Change*, 143, 224 –238.

[73] World Bank. (2018a). *International Labour Organization, ILOSTAT database*. Data retrieved in November 2017. https://data.worldbank.org/indicator/SL.AGR.EMPL.ZS.

[74] World Bank. (2018b). *United Nations Population Division. World Population Prospects: 2017 Revision*. https://data.worldbank.org/indicator/SP.POP.TOTL? locations = IN.

[75] Yin, R. K. (2003). Case study research design and methods third edition. *Applied Social Research Methods Series*, 5, 1 –300.

[76] Zhang, T. C., Jahromi, M. F., & Kizildag, M. (2018). Value co – creation in a sharing economy: The end of price wars? *International Journal of Hospitality Management*, 71, 51 –58.

[77] Zhang, X., Yang, J., & Thomas, R. (2017). Mechanization outsourcing clusters and division of labor in Chinese agriculture. *China Economic Review*, 43, 184 –195.

# 章内容纲要

# 2 增材制造

## 2.1 增材制造

增材制造（Additive Manufacturing，AM）是通过其独有的特性提供快速产品开发的先进手段。AM 是世界上发展较快的先进数字制造技术之一（Wang et al.，2015）。增材制造技术诞生于20 世纪80 年代后期，是由三维系统开发的立体光刻技术（Petrick and Simpson，2013 ）。AM 又称 3D 打印(3DP)、固体自由体制造（Solid Freeform Fabrication，SFF）或分层制造（Layered Manufacturing，LM）。用户选择的多变性往往要求定制生产，而 AM 技术可以实现这一点。智能供应链管理、物理互联网（ Physical Internet，PI）和物联网（Internet of Things，IoT）可以加强 AM 技术。引入基于物联网的不同数字连接是 AM 技术的一个新进展。物联网嵌入的可持续供应链（Sustainable Supply Chain，SSC）可以提供一个向工业 4.0 过渡的机会（Manavalan and Jayakrishna，2018）。AM 技术也是供应链管理的潜在驱动力，它缩短了供应链的长度，降低了供应链的复杂性，提高了生产系统的效率。从制造和运输的角度来看，AM 技术对降低总成本有积极的影响，标准产品需要进一步加工方可满足消费者的要求（Munsch，2017）。对新产品的多功能需求衍生出许多用于商业制造应用部件的新材料，如智能材料、纳米材料、生物材料、功能材料和混凝土（Lee et al.，2017）。增材制造方法具有使用金属、陶瓷和复合材料等制造产品的能力，具有更高的尺寸精度、设计灵活性，在任意时间都可用计算机生成设计文件。

虽然增材制造本身就是生产领域可持续性发展的代名词，但随机选择参数、材料和加工工艺也可能导致能源、材料和时间的浪费。因此，有必要及时研究增材制造的可持续性。本章的目的是深入了解增材制造技术在能源可持续性方面的潜力以及寻找采购创新材料的思路。目前很少有具体描绘增材制造技术工作的资料，但人们希望通过该技术在相应材料的采购和创新方面实现资源可持续性。因此，本研究试图填补这一空白。本章研究了增材制造工艺参数对能源消耗、材料浪费和生产时间的影响。通过增材制造中对材料和能源可持续性有效的工艺参数的研究可体现这项工作的原创性。材料、能源、时间以及经济和社会相关要素的节约被认为属于增材制造的可持续性。本研究的价值取决于增材制造的有利性和可持续性。

本研究详细探讨了以下问题。

（1）在可持续性、创新和合适材料的采购方面，增材制造的作用是什么？具体来说，本章希望解释增材制造对于可持续性的积极因素以及与合适物料采购的联系。

（2）增材制造如何影响可持续性（社会、经济和环境）的三重底线（Triple Bottom Line，TBL）？

（3）AM 技术对供应链管理和定制化有什么影响？

（4）影响 AM 技术的材料、能源和生产时间消耗的主要工艺参数是什么？

本研究的主要目标有如下几点。

（1）研究增材制造技术及其对材料和能源可持续性的贡献。

（2）通过对增材制造技术的研究，概述上述三个维度的可持续性、创新和合适材料的采购。

（3）探讨增材制造和智能轻量化材料的全球市场现状。

（4）研究增材制造中影响材料和能源浪费的重要工艺参数。

（5）讨论本研究意义和未来研究方向。

为了实现上述研究目的，我们开展了以下工作。

（1）研究背景和问题的相关文献。

（2）研究目标和问题。

（3）确定可持续制造的有效增材制造工艺参数。

（4）工艺参数对能源、材料和生产时间的个别影响研究。

（5）结论、局限性以及未来开展的工作。

### 2.1.1 增材制造的全球价值

增材制造（包括系统、材料和服务）的全球价值正在迅速上升，2020 年的预测值达到约 210 亿美元（Wohlers Report, 2015）。Jiang 等（2017）估计在十年后，所有关键和非关键的备件都将通过 AM 技术生产。目前这个市场每年增长约 30%，由于打印设备的大量采用，到 2030 年市场将增长到 630 亿美元以上。图 2－1 显示了增材制造的全球销售增长趋势。

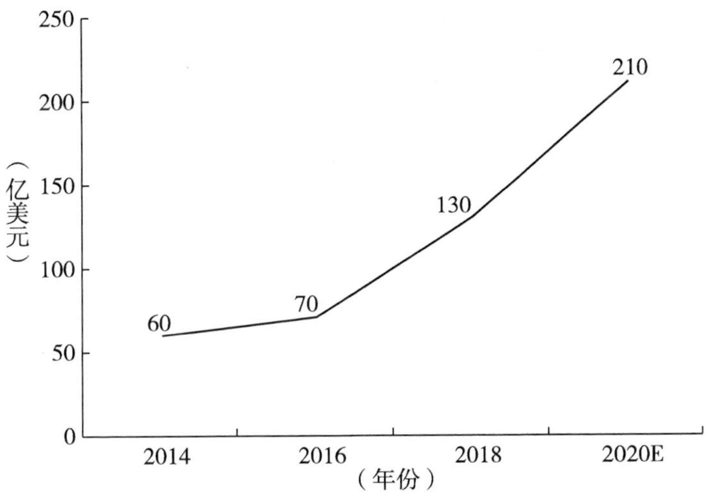


**图 2－1 增材制造的全球销售增长趋势**

在 AM 技术应用方面，研究重点主要是汽车、医疗、家居用品、玩具制造等行业。AM 技术需求的急剧增长使我们需要关注资源的可持续性。

### 2.1.2 增材制造工艺

增材制造是一种智能技术，其中大部分生产步骤都是以数字形式进行的，如计算机辅助设计（CAD）软件建模、文件转换、切片、定向等。增材制造技术应用的常见步骤如图 2－2 所示。

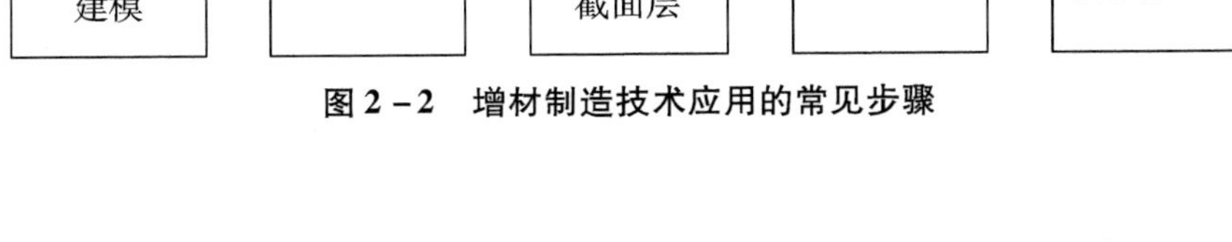


**图 2－2 增材制造技术应用的常见步骤**

### 2.1.3 增材制造技术分类

根据 ASTM（美国材料实验协会）标准，增材制造技术分为七个主要类别，如图 2－3 所示。

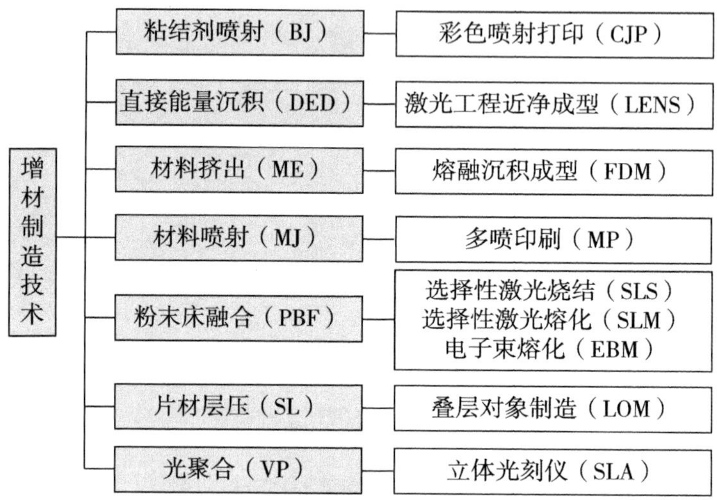


**图 2－3 增材制造技术的主要类型**

注：CJP，Color Jet Printing；FDM，Fused Deposition Modeling；MP，Multijet Printing；LOM，Laminated Object Manuf。

在任何 AM 技术使用过程中，CAD 首先使用软件对所需部件进行建模。3D CAD 文件特征被传输到一个扩展名为 .stl 的文件，作为 CAD 模型和 AM 系统之间的接口。在三维零件的制造中，七类 AM 技术各有优缺点。以下各节简要介绍每一类 AM 技术。

#### 2.1.3.1 粘结剂喷射（Binder Jetting，BJ）

在粘结剂喷射（BJ）技术中，粉末颗粒的连接是借助液体形式的粘结剂进行的。这种技术将粉末颗粒黏合在一起形成一个三维部件。粘结剂通过设计的头部滴在粉末上，同时平台逐层降低。一个典型的粘结剂喷射系统有 $x$，$y$ 和 $z$ 三个轴，其中 $x$ 轴和 $y$ 轴负责水平位置，$z$ 轴则对应深度。ExOne 和 Voxeljet 两家公司可以提供商用粘结剂喷射系统（Bose et al.，2017）。为了成功地实现粘结剂喷射，需要了解许多工艺参数，如粉末选择（尺寸、形状）、粘结剂选择、打印和后处理。粘结剂喷射工艺不需要支撑，具有很大的设计自由度，在最短时间内以较低的成本实现了较大的结构尺寸。该工艺适用于金属、高分子、陶瓷、玻璃等材料。

#### 2.1.3.2 直接能量沉积（Direct Energy Deposition，DED）

顾名思义，直接能量沉积（DED）使用的是直接能源。这种能量同时实现多种功能，包括沉积、熔化和固化粉末、灯丝、电线等多种形式的材料。通过自动化的三维系统控制零件几何形状并制作图案（Bose et al.，2017）。通常，DED 工艺使用高功率激光熔化原料。这道工序不同于粉床融合。在 DED 工艺过程中，粉末将在被分层到衬底上之前熔化。直接能量沉积技术的应用包括激光工程近净成型（Laser Engineered Net Shaping，LENS）和三维金属打印机。

#### 2.1.3.3 材料挤出（Material Extrusion，ME）

材料挤出（ME）是使用较为广泛的制造技术，材料通过具有恒定压力强度的喷嘴被挤出，这部分材料沉积并固化在衬底上。提取材料的沉积按照这种方式进行，即前一层必须与它结合以创建一个三维物体。应用的聚合物材料如丙烯腈－丁二烯－苯乙烯（ABS）、聚碳酸酯（PC）、聚苯砜（PPSF/PPSU）、聚乳酸（PLA）、热塑性聚氨酯等。材料挤出工艺应用最为广泛的是 FDM①。

#### 2.1.3.4 材料喷射（Material Jetting，MJ）

材料喷射（MJ）工艺过程通过在工作平台中沉积液滴和软化现有的结构层来制造三维产品，这一层液滴再凝固为一个铸造件。所有程序层沉积凝固后，产品从工作平台弹出。材料喷射的应用如多喷打印机，该工艺更适合光聚合物。

#### 2.1.3.5 粉末床融合（Powder Bed Fusion，PBF）

粉末床融合（PBF）技术利用热能进行粉末颗粒的融合，并使用滚筒来

---

① FDM 又称熔融沉积成型，是相当容易获取且使用广泛的 3D 打印工艺，FDM 3D 打印技术在软件预设的坐标挤出热塑性塑料丝，自下而上逐层构建零件。因为使用了生产级别热塑性塑料的专业 3D 打印技术，所以这些零件具有优秀的机械、耐热性和化学强度。工业级的 FDM 技术与工程级强度的热塑性塑料结合，可以打造强韧、耐用且稳定的零件，具备良好的精度和可重复性。

平滑粉末层。烧结和熔融是粉末床融合的主要过程。烧结是偏熔的典型应用。在固态烧结过程中，表面熔融的粉末颗粒会使产品产生孔隙，而完全熔化和融合粉末颗粒可以避免孔隙的产生。粉末床融合完全是基于激光或电子束加热。由粉末床融合制造的零件质量取决于粉末流动性，粉末流动性取决于适当的粉末材料（Spierings et al.，2016）。选择性激光烧结（Selective Laser Sintering，SLS）、选择性激光熔化（Selective Laser Melting，SLM）和电子束熔化（Electron Beam Melting，EBM）是 PBF 技术应用的例子。

#### 2.1.3.6 片材层压（Sheet Lamination，SL）

在片材层压（SL）中，片材是使用二氧化碳激光实现片层联合创造出三维物体。根据黏合机理，SL 可分为黏合连接（adhesive joining）、热黏合（thermal bonding）和夹紧（clamping）。制造零件的强度与薄板厚度通常成反比（Butt et al.，2016）。MCor 公司的 3D 打印机就是此工艺应用的例子。这个工艺流程大多数用于处理纸、塑料片和金属片材。

#### 2.1.3.7 光聚合（Vat Photopolymerization，VP）

光聚合（VP）通常被称为立体光刻过程。在此过程中，光固化树脂通过与激光的相互作用固化。在凝固过程中发生的反应称为光聚合反应，这个过程包括一些在树脂中加入化合物，例如添加剂、光引发剂和反应单体。

上述七类增材制造技术的优缺点如表 2－1 所示。可见，增材制造技术的主要优势在于废物产生更少，几何形状更优，组件轻量级，材料消耗减少，能源消耗更低，库存浪费减少，可以实现按需生产零件以及减轻运输负担。

**表 2－1　AM 技术的优点和缺点**

| 类别 | 优点 | 缺点 |
|---|---|---|
| BJ | 材料种类繁多 | 更粗糙 |
| | 可以制造陶瓷模具 | 强度降低 |
| | 成像能量低 | 需要重新加工 |
| DED | 材料沉积速率高 | 部分复杂性较低 |
| | 高修复效率 | 表面光洁度低 |
| | | 尺寸精度低 |

续 表

| 类别 | 优点 | 缺点 |
| --- | --- | --- |
| ME | 低成本 | 建造时间长 |
| | 材料种类多 | 尖锐的外部角落无法制造 |
| | 多功能、易定制 | |
| MJ | 减少材料浪费 | 需要返工 |
| | 精度很高 | 浪费多 |
| | 材料种类多 | |
| PBF | 不需要支撑 | 聚合物表面更粗糙 |
| | 无浪费 | 制造率低 |
| | 材料种类多 | 体积小 |
| | 高精度 | |
| SL | 制造速度快 | 更多的材料浪费 |
| | 不需要支撑结构 | 拆除支架难度大 |
| | 低内应力 | |
| VP | 具有良好的准确性和分辨率 | 需要支撑 |
| | 制造速度快 | 需要返工 |
| | 相对能耗低 | |

一些现有的 AM 技术，如立体光刻仪（Stereo Lithography Apparatus，SLA）、熔融沉积成型（Fused Deposition Modeling，FDM）、选择性激光烧结（SLS）和粘结剂喷射（BJ）在制造三维产品和商业上更受欢迎。

SLS 是应用最广泛的 3D 打印技术之一，可以制造几何形状复杂、体积小的物体，同时比传统过程消耗的时间要短得多（Xiaohui et al.，2015）。SLS 使用高温 $CO_2$ 激光束烧结选定的细粉层，激光束根据设计的指示击中一个特定的位置熔合粉末，使用一个滚筒用于在生产每一层后在平台上铺上一层新粉末。每层完成后，松散层会降低该层厚度，通常为 10～100μm，这个由活塞来控制。该过程循环往复，直到得到要制造物体的形状。工作时通常需要真空环境来保护工作过程，免受潮湿和氧化困扰。商业上可用的 SLS 技术仍然局限于生产小于 500μm 的物体，原因在于激光聚焦直径限制在 50～300μm（Vaezi et al.，2013）。包括激光功率、舱口长度、扫描间距和床温在内的变量可能会影响选择性激光烧结制备的聚合物材料特性（密度和硬度）（Singh et al., 2017）。该工艺可用于制造聚合物、金属，或两者的组合材料。聚合物中丙烯酸苯乙烯和聚酰胺使用较多，其力学性能类似于注入部件（Wong and Hernandez, 2012）。

立体光刻仪（SLA）是一种商用添加剂制造技术，由 3D 系统开发。SLA 是基于光敏树脂在紫外光照射下逐层聚合的原理（Vaezi et al., 2013）。由于 SLA 质量好、精度高、建造速度快，是目前应用最广泛的方法。它可以生产分辨率高达 200nm 的零件，表面光洁度优异。SLA 适用于生产聚合物、金属和陶瓷等更大的物体（Bose et al., 2017）。该装置的主要部件是一个装满液体光敏树脂的容器、平台和固化紫外线激光器。

基于挤压工艺的增材制造系统由计算机控制的沉积喷嘴组成，以开发具有特定结构的三维物体（Vaezi et al., 2013）。FDM 使用一种塑料细丝的进料，该细丝通过打印头熔化并挤压在规定的厚度内，约 0.25mm。FDM 技术适用于聚苯砜、聚碳酸酯、PC - ABS 共混物（聚碳酸酯和丙烯腈 - 丁二烯 - 苯乙烯共聚物的混合物）、ABS 等多种材料。有时，FDM 制造的零件性能可以通过额外的工作来改善，例如 ABS 产品的蒸汽平滑（Vapor Smoothing），这也提高了尺寸精度（Chohan and Singh, 2016）。这种技术具有一些独特的优点，例如不需要化学后处理、设置成本较低、不固化树脂，从而以更具成本效益的方式生产材料。FDM 技术也有一些缺点，例如它的分辨率低，比其他增材制造技术的进程慢。因此，有时制造的物体需要一个单独的处理工序来获得光滑的表面（Wong and Hernandez, 2012）。该技术主要用于高分子材料的直接三维打印，因为与陶瓷和金属物质相比，聚合物的熔点较低（Bose et al., 2017）。

3D 打印技术根据 CAD 模型的指示，使用水基液体粘结剂和淀粉基粉末来构造零件。粉末颗粒被撒在工作台上，并通过粘结剂射流黏合在一起。这一工艺适用于许多聚合物材料（Wong and Hernandez, 2012）。该技术更适合于三维微加工。然而 3D 打印技术仍然有一些局限性，如表面质量不足、存在尺寸限制和孔隙率较大（Vaezi et al., 2013）。

## 2.2 大规模定制

增材制造技术可以根据客户要求现场生产产品，它消除了备件库存的需要。产品的设计是完全可行的，能够以最佳的制造成本在一个生产周期中生产每个部件，这是增材制造（3D 打印）技术的独有能力，可以实现大规模定制。自适应定制可以量身定做、修改或重新配置标准产品。例如，病人需要定制一个新的产品，他的数据会被获取，用于调整初始设计配置。此后，通过增材制造技术进行定制生产，以满足客户个性化的需求。这种适用性减少了用于加工的材料、时间和能源的浪费。节省材料、时间和能源，意味着提高了生产的可持续性。保护自然资源和环境是近十年来一个非常热门的话题，可持续性则是设计师和工程师们的一个挑战，他们未来的工作必须确立环保的原则。最近，可持续性是许多技术课程的重要组成部分。

Diegel 等估计，在世界上近 70 亿人口中，大约有 17 亿人属于在生活中不断增加非必需品的消费者。这些产品包括更大的房子、更多的汽车和更多的消费品。研究还表明，这些消费者中有 50% 以上生活在发展中国家（Diegel et al.，2010）；其中中国有近 2.4 亿、印度有 1.2 亿这样的消费者。考虑了可持续性的产品设计，能够提高整体可持续性的财务需要、产品完整性和其他多个方面。这一战略旨在利用生态原则确立可持续性的三重底线。从制造的角度来看，增材制造（3D 打印）技术可能会影响供应链。使用增材制造（3D 打印）技术可以很容易地采用敏捷供应链，这将使得制造公司的成本降低 75%（Rathee et al.，2017），因为增材制造可以实现为定制化需求直接制造零件（Petrick and Simpson，2013）。

## 2.3 增材制造技术和供应链管理

增材制造（3D 打印）技术被认为是供应链管理的技术驱动力。从工程师到订单的流程中，3D 打印技术的应用在许多方面影响了供应链的配置。对供应链的影响表现在增加新的供应链成员时，如 3D 打印机供应商或客户，以及减少一些现有成员时，如材料供应商（Oettmeier，2016；Özceylan et al.，2018）。Narain 和 Sarik（2006）强调，RP（快速原型制造）/AM 系统将能够在其网站上为客户提供扩展供应链功能的服务。可见，增材制造技术提高了供应链的性能，并通过以下途径大幅度提升了价值。

（1）这些公司寻求增材制造技术来获得供应链中的价值，而不是彻底的改变（Marchese and Crane，2018）。

（2）公司利用增材制造技术带来的机会实现规模经济。

（3）没有增材制造技术，就不可能完全改变供应链和产品，而增材制造技术是公司需要的竞争优势。当增材制造（AM）技术与物联网（IoT）相结合时，意味着传统业务转换为智能业务（Smart Business）。

增材制造技术在与物联网结合时的优势如下：

（1）最好的物联网产品外壳是通过增材制造技术制造的。

（2）物联网帮助收集数据，以通过增材制造技术创造一个定制产品。

（3）工厂能够在增材制造技术的帮助下尽快实现工业 4.0 的雏形。

采用增材制造技术降低了供应链网络的复杂性和长度。Marchase 和 Crane（2018）描述了增材制造技术的采纳对供应链结构的影响，他们发现增材制造技术提高了传统供应链的绩效。

## 2.4 增材制造和可持续性

联合国布伦特兰委员会的报告①将可持续性定义为"既能满足我们现今的需求，同时又不损及后代子孙们的利益"②（Giret et al.，2015）。增材制造节约了材料、能源和时间资源，与可持续生产的理念不谋而合。可持续发展的三重底线（Triple Bottom Line，TBL）③如图 2－4 所示，将可持续性分为三个维度：环境、经济和社会可持续性。如果生产过程产生的产品可以最大限度满足三个维度（它是生态友好、产生经济效益和有利于社会的），则被称为理想的和可持续的生产。

---

① United Nations Brundtland Commission Report，1987 年，格罗·哈莱姆·布伦特兰在联合国大会上发表《我们共同的未来》报告，又称为布伦特兰报告。

② 布伦特兰委员会（Brundtland Commission）即联合国在 1983 年正式成立的世界环境与发展委员会（World Commission on Environment and Development，WCED），其主席是可持续发展及公共卫生专家格罗·哈莱姆·布伦特兰（Gro Harlem Brundtland）。该委员会的成立是为了解决日益关注的"关于人类环境和自然资源加速恶化而造成经济和社会发展的后果"。当该委员会设立时，联合国大会确认，环境问题是全球性的，建立可持续发展政策是为了维护所有国家的共同利益。

③ 三重底线理论，1997 年，由英国学者约翰·埃尔金顿（John Elkington）提出，他认为就责任领域而言，企业社会责任可以分为经济责任、环境责任和社会责任。经济责任主要体现为提高利润、纳税责任和对股东投资者的分红，主要包括收入、支出、税费、经济环境要素、就业、经济多样性要素；环境责任就是环境保护，主要包括空气和水的质量、能耗、自然资源、固体和有毒废物，用地/土地覆盖；社会责任就是对于社会其他利益相关方的责任，主要包括教育、平等、社会资源可获得渠道、健康和幸福、生活品质、社会资源。企业在进行企业社会责任实践时必须履行上述三个领域的责任，这就是企业社会责任相关的三重底线理论。

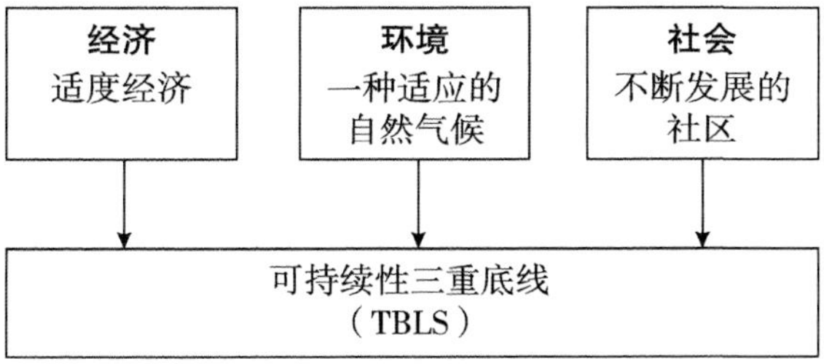


**图 2－4 可持续性三重底线**

对 TBL 的理解解释了企业业务在经济中的当前地位及其未来存在的潜力。它是一个分析框架，从环境、经济和社会三个维度评估公司产品/过程的性能。TBL 维度也被称为“3P”：社会（People）、环境（Planet）和经济（Profit）。增材制造技术可持续性发展时间线如表 2－2 所示。

**表 2－2 增材制造技术可持续性发展时间线**

| 年份 | 重要事件 |
| --- | --- |
| 1984 | 增材制造技术出现 |
| 1992 | 可持续生产的早期研究 |
| 1995 | 增材制造环境影响的早期研究 |
| 2000 | 可持续制造（Sustainable Manufacturing）首次出现 |
| 2010 | 关注增材制造可持续性问题 |
| 2011 | 食物材料的可持续增材制造（Sustainable Additive Manufacturing） |
| 2012 | 首次打印假颌并植入人体 |
| 2013 | 有关学者在美国工会发表关于“3D 打印”（3D Printing）的演讲 |
| 2020 | 研究聚焦增材制造的智能材料（Intelligent Material） |
| 2025 | 汽车和全人体器官的增材制造 |
| 2030 | 增材制造生产的所有关键和非关键部件导致的能量和材料的不稳定问题（Serious Issues） |

虽然过去曾有学者对可持续发展进行过研究，但对增材制造过程中可持续性的关注仅仅是过去十年发生的事情 。预计再过二十年的时间，制造业可持续性将可以实现。

在增材制造过程中，三重底线的可持续性可以通过环境、经济和社会可持续性等驱动因素的管理来实现。资源消耗减少、废弃物减少、$CO_2$ 减排是环境可持续性的潜在驱动因素。经济可持续性包括成本、市场评估等。社会可持续性包括社会利益、适度生产、公共协议和伦理方面。图 2－5 是增材制造三重底线可持续性测度结构。

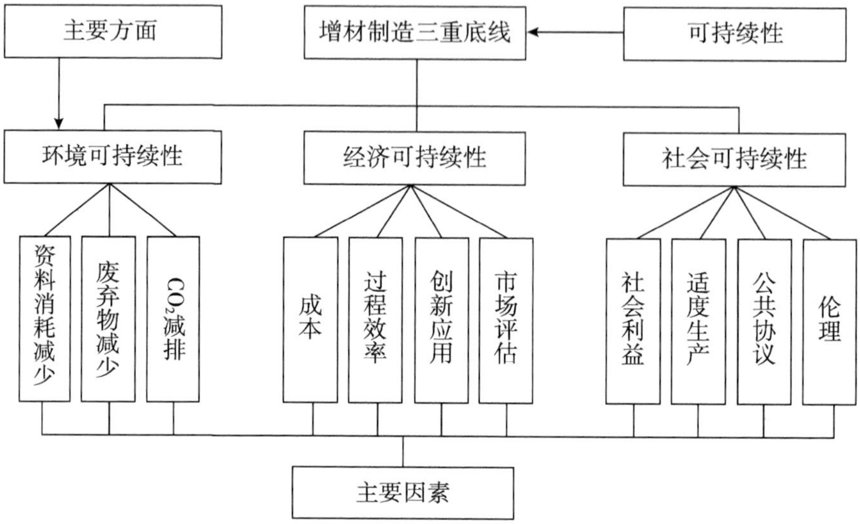


**图 2－5　增材制造三重底线可持续性测度结构**

## 2.4.1　环境可持续性

增材制造（3D 打印）技术对环境零污染有所贡献。环境可持续性意味着管理、减少和监测资源消耗、废弃物。在设计制造方法时要考虑环境因素，包括合理利用自然资源的各个方面。这些资源包括空气、水、能源、植物、有机材料和可供使用的土地。Chavarría－Barrientos 等（2018）认为增材制造（3D 打印）技术是一种环境可持续性支持技术。衡量一个项目对环境可持续性的影响因素包括以下几项。

- 资源消耗
- 制造过程中的 $CO_2$ 排放
- 产生的氮氧化物和 $SO_2$ 的量
- 选定的主要污染物
- 废弃物
- 紧凑的尺寸（compact size）

### 2.4.2 经济可持续性

基于三重底线（TBL）原则，经济可持续性并非传统企业的关注点，它是衡量战略对经济环境影响的尺度。增材制造技术通过降低定制零件的生产成本、材料消耗和工艺时间来促进经济。经济变量解决的是底线和资金流的问题。经济可持续性取决于收入、支出、税收、商业驱动力、就业和商业多样性因素。经济可持续性因素如下：

- 个人收入
- 流失率水平
- 就业机会的增长
- 定制零件的成本
- 产品的生命周期
- 产品复杂性的额外特征

### 2.4.3 社会可持续性

增材制造（3D 打印）的社会可持续性方面是衡量其在生产新产品时对社会的影响，也就是说，它不应给社会造成任何损失，它应该生产具有良好特性、充满吸引力和有利于人类健康的产品。“社会底线”质疑这样一种信念，即企业支付的员工工资越少，其运营寿命就越长。增材制造的社会措施与健康、生活质量和社会资本等社会方面有关。社会可持续性因素如下：

- 增材制造（3D 打印）零件的需求
- 所需的劳动力
- 用户家中的产品定制
- 生产时间
- 与健康有关的问题
- 所需资金

增材制造（3D 打印）在当下应被理解为确保可持续制造未来的潜在工具（Narain and Sarik，2006）。增材制造技术需要原材料来制造零件，在某些情况下仅需要少量的材料来支持，因此我们认为它是可以高效使用材料的工艺。增材制造缩短了供应链，并将工作从实物产品转向数字设计。这一转变通过减少“到市场的时间”（time to market）来增强供应链的能动性，因此可以预计到供应链的运输负担将下降（Sreenivasan et al.，2010）。增材制造管理“购买与飞行”[1]的比例，将原材料需求与最终产品中的材料数量联系起来，这个比例通常为20:1。增材制造使“购买与飞行”的比例几乎达到1:1，从而导致资源负担和与制造有关的废弃物显著减少（Gebler et al.，2014）。考虑到碳排放，采用增材制造在环境和可持续性方面有以下优点：

- 减少所需原材料的数量，从而使材料准备时间最小化
- 减少高能耗和浪费的过程
- 最大限度地减少设计和制造复杂几何图形所消耗的能量
- 高强度/重量比降低了运输车辆的碳排放
- 定制零件可以更接近消费者的需求

以上各点说明增材制造技术具有节约资源和保护环境的潜力，有助于提高制造的可持续性。

## 2.5 增材制造材料与采购

今天，各种3D打印材料包括陶瓷、生物活性玻璃、聚合物及其组合的形式。图2-6展示了增材制造材料的一般分类。

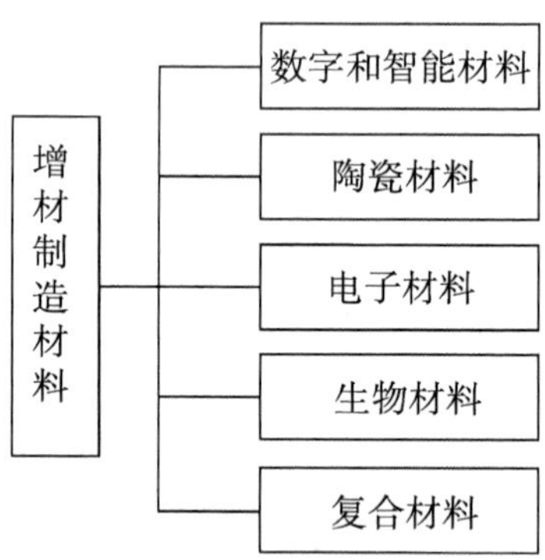


**图2-6　增材制造材料的一般分类**

① Buy to fly，亦称“买飞比”，比喻原材料需求和实际需求不匹配，往往需要准备过多的库存来应对生产。

（1）数字和智能材料（Digital and smart materials）包括形状记忆聚合物（Shape Memory Polymers，SMP），它可以经光聚合（VP）处理，在执行器、传感器、珠宝和夹持器中具有功能性应用。

（2）陶瓷材料，如UV（紫外线）固化单体，可用于热保护，也适用于光聚合工艺。

（3）电子材料，如应用在天线发射器和薄膜晶体管的银纳米粒子、量子材料。

一些用于电阻器的导电聚合物是通过材料挤出（ME）技术来处理的，如发光二极管（Light - Emitting Diodes，LEDs）。

（4）适用于组织工程和用于心脏微生理装置的功能油墨的生物材料，如水凝胶，可由材料融合技术处理。

（5）复合材料如CB/PCL（纤维素酪酸酯和聚已内酯）、VeroWhitePlus①、TangoBlackPlus②、钛酸钡（barium titanate）、纳米粒子/聚乙烯（nanoparticle/polyethylene）和二甘醇二丙烯酸酯（glycol diacrylate）等用于传感器、抗断裂复合材料和三维压电聚合物的制备，可采用材料挤出、材料喷射和光聚合等方法制造。

用于功能部件的各种增材制造材料发展日新月异。全球先进轻质材料市场预计在2022年将达到1962.99亿美元，而在2015年仅为1446.13亿美元。这些轻质材料用途广泛，包括微电子电路、燃料电池、传感器和防腐蚀涂层。3D打印市场大多数产品是采用聚合物材料生产（Wohlers Report，2018）。增材制造先进轻质材料的全球市场走势如图2－7所示。

增材制造面临的主要问题是适合创新应用的材料开发和利用3D打印系统打印这些材料的能力。所有增材制造系统都有温度限制，特定材料的适用性也不同。基于挤压的增材制造技术通常用于处理熔点在200℃左右的材料。

采购过程涉及以最佳成本获得更好的产品或服务的各种必要性活动。能够提供所需质量的产品或服务是采购主要关注的问题。这些产品或服务可能包括原材料、技术设备、办公设备、运输、测试和培训等。采购是企业战略

---

① Vero系列高韧性树脂，由美国Stratasys公司研发，如刚性不透明的白色物质（VeroWhitePlus rgd835）、刚性不透明的灰色物质（VeroGray rgd850）、刚性不透明的蓝色材料（VeroBlue rgd840）、刚性不透明的黑色物质（VeroBlackPlus rgd875）等。

② 以色列Objet Geometries公司研发的一款超薄层厚光敏树脂喷射成型技术的光敏树脂材料产品，接近橡胶制品。

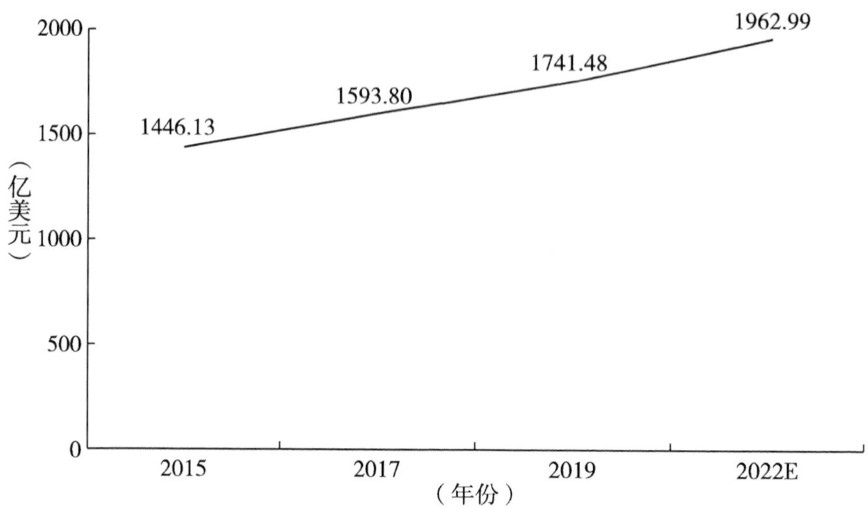


**图 2－7　先进轻质材料的全球市场走势**

的核心组成部分。采购材料和各类增材制造技术的进展是其在世界范围内发展的关键。从采购的角度来看，增材制造技术比传统的制造技术具有更大的成本效益优势。增材制造可以在适当的时间满足客户的要求，而不需要额外的库存。然而，也存在一些制约因素，例如缺少适用于先进应用的智能材料，以及缺少可用于打印高熵合金（High Entropy Alloys，HEAs）材料的 3D 打印系统，3D 打印机的容量也存在限制。

增材制造（3D 打印）技术使用于先进应用的智能和创新材料的生产成为可能，它具有多向生产和自由制造的能力。因此，增材制造可能是生产先进和复合材料的有效工艺（Yakout and Elbestawi，2017）。功能梯度材料（Functionally Graded Materials，FGM）和许多其他先进轻质复合材料是通过 3D 打印工艺生产的。功能梯度材料①是先进的材料，应用于对材料的可变性有需求的领域。制造成分不同的 FGM 方法属于增材制造技术（Muller et al.，2013；Bobbio et al.，2017）。3D 打印技术有助于航空航天工业等领域进行先进材料的

① 功能梯度材料是根据使用要求，选择使用两种不同性能的材料，采用先进的材料复合技术，使中间的组成和结构连续呈梯度变化，内部不存在明显的截面，从而使材料的性质和功能沿厚度方向也呈梯度变化的一种新型复合材料。功能梯度材料的概念是由日本材料学家新野正之、平井敏雄、渡边龙三等人提出的，功能梯度材料的研究始于 1987 年日本科学技术厅的“关于开发缓和热应力的功能梯度材料的基础技术研究”。

战略性采购。战略采购的主要组成部分包括战略、过程绩效、训练有素的人员和创新。3D 打印是一种先进的数字技术，可以管理创新材料采购的所有需求。

## 2.6 增材制造的工艺参数

在本节中，我们讨论了基于挤出技术的增材制造工艺参数对材料可持续性、能源可持续性和产品质量的影响。Rathee 等（2017）认为有四类工艺参数影响性能：

- 特定操作参数
- 特定建模器参数
- 特定几何参数
- 具体材料参数

特定操作参数涉及操作特性，如切片高度（slice height）、光栅宽度（raster width）、头部运动（head movement）、包络温度（envelope temperature）、轮廓宽度（contour width）、轮廓填充（contour filling）和气隙（air gap）。

这些参数由用户设定。特定建模器参数与不同硬件的形状、大小和尺寸有关。特定建模器参数包括喷嘴直径（nozzle diameter）、长丝尺寸（filament size）和进给率（feed rate）、滚子速度（roller speed）等。特定几何参数涉及产品的主体和打印支持。特定几何参数包括支撑结构、取向等。具体材料参数包括物理特性、粘结剂、粘度、化学成分和柔韧性。

### 2.6.1 增材制造工艺参数和材料可持续性

虽然增材制造本身就是可持续性的，但在一些增材制造技术（如挤出工艺）中存在一些小问题，浪费了材料和额外支持的能源。支撑材料的用量是所有增材制造过程中普遍关注的问题，因为它会导致材料和能源浪费。零件建构取向是影响所需支撑材料体积的最重要因素之一，可以通过选择最佳方向来最大限度地减少材料浪费（Ezair et al.，2015；Taufik and Jain，2013；Zhang et al.，2017；Liu et al.，2018）。

Verma 和 Rai（2016）开展了一项研究，从材料和能源节约角度分析零件和切片层面的优化。从零件层面分析，优化的建构方向节省了材料。Srivastava 等（2017）通过实验发现，包括方向、轮廓宽度、光栅角度、光栅宽度和切片高度的各种参数，对于支撑体积最小化、模型材料体积最小化和建构时间最小化具有重要影响。Normale 等（2018）最近完成一项研究，分析在熔融沉积成型（FDM）中如何减少支撑的体积及其对表面质量的影响。他们提出了一种新的策略，通过修改和集成 CAD 软件来优化支撑，然后将实验结果与其他软件在打印时间和支撑生成所需材料方面的结果进行了比较。研究结果表明，额外的支撑是造成材料浪费的原因，它可以通过一个良好的最小化参数集进行优化。

Jin 等（2017）在考虑最终物体的几何和表面特征的情况下优化了工艺和工艺参数，实现了节约材料的目的。然而，由于材料体积减小，内部尺寸缩小，这种情况必然要损失一些产品的机械强度。对降低增材制造工艺中的材料消耗影响较大的工艺参数是建构方向、气隙、填充图案、轮廓宽度、光栅角度、光栅宽度、切片高度和工具路径。一个最佳的建构方向可以节省 3D 打印过程中高达 40.5% 的支撑材料。

## 2.6.2 增材制造工艺变量和能源可持续性

当今制造领域最关注的话题之一是能源消费（Tang et al., 2016）。增材制造对能源和时间的节约一直是人们关注的焦点。众多研究表明，增材制造工艺相比传统制造显然具有较大优势。然而，非必要工艺造成的浪费仍然存在（Rejeski et al., 2018）。增材制造中单位部件的能耗高于传统工艺（Huang et al., 2013; Yoon et al., 2014）。Morrow 等（2007）比较了直接金属沉积（Direct Metal Deposition，DMD）和传统机床加工过程的电能消耗。他们还观察了固腔体积比（solid – to – cavity volume ratio）对电能消耗的影响。加工过程中固腔体积比越大，表明加工过程中的能耗越低；而固腔体积比越小，则表明直接金属沉积过程中的能耗和排放更低。Sreenivasan 和 Bourell（2010）对 PBF（粉末床融合）工艺在制造阶段的能耗进行了评价，研究集中在环境影响方面。

增材制造很可能减少能源消耗。大多数研究只集中在制造阶段的电能消耗上，而前处理和后处理等其他阶段使用的电能也需要予以考虑。同时进行多零件生产可以节约能源和制造时间，工艺参数的最佳选择也有助于通过最大限度减少那些非增值的操作来节省能源和其他投入。

### 2.6.3 增材制造工艺参数和生产时间

时间是制造业的主要因素之一（Faludi et al.，2015）。不必要的操作运动和系统的空闲状态消耗了额外的能量和时间。通过消除系统的空闲状态和不必要的运动，可以节省时间和能源（Faludi et al.，2016）。Han 等（2002）认为建造时间（BT）直接影响生产力，其另一项研究（2003）试图通过缩短建造时间来解决这个问题。Jin 等（2014）同样指出建造时间是许多科学和工业应用中最重要的因素。一些行业通过选择最适合原材料和机械加工操作的工艺来改进生产过程、节省电能（Munoz and Sheng，1995）。生命周期分析（Life Cycle Analysis，LCA）是分析产品整个周期中能量和时间浪费的一种方法（Hallstedt et al.，2018）。

时间管理本身属于节能和降本的过程。减少前处理和后处理自然就是节省时间。在增材制造技术中，优化机床的刀具路径和怠速位置也可以最大限度地减少制造时间。操作过程的不连续性和不确定性增加了非生产性时间。因此，实现不连续性的最小化也是一种节省时间和能源的方案。

### 2.6.4 增材制造工艺变量和产品特性

机械性能对于任何物理部件都是非常重要的。科学界进行了一些实验研究，分析了当关注点在省料和节能时，增材制造各种参数对产品机械性能的影响。Ahn 等（2002）研究了 ABS 材料对 FDM 生产零件的建构取向的影响。选择的参数是模型建构方向、温度、气隙、材料颜色和路径宽度（通过喷嘴挤压的珠子直径）。建构方向和气隙对机械强度有显著影响，而其他参数的影响较小。Croccolo 等（2013）以零件取向、层厚、气隙和光栅宽度为控制参数，估算了拉伸强度、冲击强度和抗弯强度，发现冲击强度仅随着选定参数中层厚的增加而增加。基于 FDM 生产的 ABS－M30 力学性能分析，他们研究了样本半径、等高线数和纵向栅格的影响，并对 ABS－M30 在不同半径下断裂强度的影响进行了评价。

大量研究集中在工艺变量对产品质量的影响上。Amit Khatri（2017）使用

MakerBot Replicator 2X（3D 打印机）[①] 制备了不同参数（填充百分比、光栅方向、壳数和轴向）的样本。制备的样本进一步用岛津通用试验机[②]（Universal Testing Machine，UTM）进行拉伸试验。结果表明，ABS 构件的断裂强度受多种参数的影响，其中 0°的断裂强度最高，与光栅角度成反比（Amit Khatri，2017）。Durgun 和 Ertan（2014）进行了一项实验研究，目的是研究 FDM 技术是否可以改善产品的力学性能。他们选择零件取向和光栅角度作为输入工艺参数，分析了其力学性能和支撑体积，证实了制造时间和成本减少，零件的力学性能受光栅层沿样本横截面方向的影响（Riley et al.，2011；Magar et al.，2018）。这一发现表明，增材制造技术具有支持分布式制造和定制生产的潜力，同时可以实现总成本、能源消耗和时间消耗最低；力学性能根据建筑风格、光栅角度和建构取向而变化。对增材制造产品力学性能影响最大的参数是层厚、气隙、光栅角度、路径宽度、建构模式和建构取向。更小的层高使得产品机械强度更好，但增加了制造时间。在材料挤压过程中，垂直于建构层方向的产品力学性能较差。

## 2.7 结论

增材制造可持续性的优点很难准确预测出来，需要考虑投资回报率（Return on Investment，ROI）和可持续性两方面，这无疑是一项挑战。为了确保可持续性制造，我们当下必须深入理解增材制造（3D 打印）这个未来的潜在工具（Narain and Sarik，2006）。正如前面几节所讨论的，增材制造技术是复杂和轻量级几何体可持续性制造与创新的驱动因素。定制化驱动了对创新材料和精巧设计的采购。增材制造技术的实施减少了材料浪费和能源消耗，并可以生产复杂几何形状的物品。这些技术以最低的成本满足用户的定制需求，这是社会可持续性的驱动因素之一。现在，我们也可以说这项研究有助于经理和工程师们决定医疗领域的生产原型和高价值产品的小型构件，如牙科植入物、医疗辅助设备等。可以确定，这些制造过程可以生产服务部件、高价值形式部件、具有高容积/低产品周期的时尚产品、大规模生产的快速消费

① 由美国 MakerBot 公司发布，2013 年 3 月引进中国市场。MakerBot Replicator 2X 从开放式设计升级为密闭设计，可以实现 ABS 材料打印，同时避免周围环境以及灰尘对打印品质的影响。

② 日本岛津公司产品。

品、多样性产品等。

在本研究过程中观察到以下几点。

（1）增材制造（3D 打印）技术在航空航天、汽车、医疗、教育和军事等许多应用领域具有巨大的可持续性和创新潜力。

（2）增材制造（3D 打印）技术省掉了库存管理所需的费用。它在合适的时间为产品提供最优的质量。

（3）不同的增材制造（3D 打印）技术在提供质量良好和可持续生产的商品方面有其自身的优缺点。如果该技术能够为产品提供所需的强度，它可以创造能源密集型产品/部件，从而节省资源，支持可持续生产。

（4）通过优化工艺参数的设置和为特定应用选择合适的材料及机器，可以节约自然资源。

（5）增材制造（3D 打印）技术可以制造任何形状产品的能力促进了应用领域智能材料和设计的发展。当然，一切发明均为需求使然。

（6）增材制造（3D 打印）技术通过节省材料、能源和时间，实现成本、质量和需求目标，符合可持续性三重底线原则。

（7）增材制造（3D 打印）技术在产品的力学性能、后处理、智能材料的可用性和增材制造系统能力等方面存在许多问题。

每个研究都有局限性，本研究也不例外。如前所述，我们尚未深入开展分析增材制造（3D 打印）可持续性的潜力。本研究中发现的许多问题可以在创新应用的实践中进行分析和解决。

## 参考资料

[1] Ahn, S., Montero, M., Odell, D., Roundy, S. and Wright, P. K. (2002). Anisotropic material properties of fused deposition modeling ABS. *Rapid Prototyping Journal*, 8 (4), 248 – 257.

[2] Amit Khatri, A. A. (2016). Effect of raster orientation on fracture toughness properties of 3d printed abs materials and structures. in *Proceedings of the International Mechanical Engineering Congress and Exposition* (*IMECE2016*), November 11 – 17, 2016, Phoenix, AZ, USA, pp. 1 – 7.

[3] Bobbio, L. D., Otis, R. A., Borgonia, J. P., Dillon, R. P., Shapiro,

A. A., Liu, Z. K. and Beese, A. M. (2017). Additive manufacturing of a functionally graded material from Ti - 6Al - 4V to Invar: Experimental characterization and thermodynamic calculations. *Acta Materialia*, 127, 133 - 142.

[4] Bose, S., Ke, D., Sahasrabudhe, H. and Bandyopadhyay, A. (2017). Additive manufacturing of biomaterials. *Progress in Materials Science*, 93, 45 - 111.

[5] Butt, J., Mebrahtu, H. and Shirvani, H. (2016). Strength analysis of aluminium foil parts made by composite metal foil manufacturing. *Progress in Additive Manufacturing*, 1 (1 - 2), 93 - 103.

[6] Chavarría - Barrientos, D., Batres, R., Wright, P. K. and Molina, A. (2018). A methodology to create a sensing, smart and sustainable manufacturing enterprise. *International Journal of Production Research*, 56 (1 - 2), 584 - 603.

[7] Chohan, J. S. and Singh, R. (2016). Enhancing dimensional accuracy of FDM based biomedical implant replicas by statistically controlled vapor smoothing process. *Progress in Additive Manufacturing*, 1 (1 - 2), 105 - 113.

[8] Croccolo, D., De Agostinis, M. and Olmi, G. (2013). Experimental characterization and analytical modelling of the mechanical behaviour of fused deposition processed parts made of ABS - M30. *Computational Materials Science*, 79, 506 - 518.

[9] Diegel, O., Singamneni, S., Reay, S. and Withell, A. (2010). Tools for sustainable product design : Additive manufacturing. *Journal of Sustainable Development*, 3 (3), 68 - 75.

[10] Ertan, I. D. R. (2014). Experimental investigation of FDM process for improvement of mechanical properties and production cost. *Rapid Prototyping Journal*, 20 (3), 228 - 235.

[11] Ezair, B., Massarwi, F. and Elber, G. (2015). Orientation analysis of 3D objects toward minimal support volume in 3D - printing. *Computers and Graphics*, 51, 117 - 124.

[12] Faludi, J., Baumers, M., Maskery, I. and Hague, R. (2016). Environmental impacts of selective laser melting: Do printer, powder, or power dominate? . *Journal of Industrial Ecology*, 21, S144 - S156.

[13] Faludi, J., Bayley, C., Bhogal, S. and Iribarne, M. (2015). Comparing environmental impacts of additive manufacturing vs. traditional machining via life - cycle assessment. *Rapid Prototyping Journal*, 21 (1), 1 - 52.

[14] Gebler, M., Uiterkamp, A. J. M. S. and Visser, C. (2014). A global sustainability perspective on 3D printing technologies. *Energy Policy*, 74, 158 - 167.

[15] Giret, A., Trentesaux, D. and Prabhu, V. (2015). Sustainability in manufacturing operations scheduling: A state of the art review. *Journal of Manufacturing Systems*, 37, 126 - 140.

[16] Hallstedt, S., Schulte, J. and Watz, M. (2018). Additive manufacturing from a strategic sustainability perspective. *Proceedings of the 15th International Design Conference - Design 2018*, Dubrovnik, Croatia, 1381 - 1392.

[17] Han, W., Jafari, M. A., Danforth, S. C. and Safari, A. (2002). Tool pathbased deposition planning in fused deposition processes. *Journal of Manufacturing Science and Engineering*, 124 (2), 462.

[18] Han, W., Jafari, M. A. and Seyed, K. (2003). Process speeding up via deposition planning in fused deposition - based layered manufacturing processes. *Rapid Prototyping Journal*, 9 (4), 212 - 218.

[19] Huang, S. H., Liu, P. and Mokasdar, A. (2013). Additive manufacturing and its societal impact: A literature review. *The International Journal of Advanced Manufacturing Technology*, 67, 1191 - 1203.

[20] Jiang, R., Kleer, R. and Piller, F. T. (2017). Predicting the future of addictive manufacturing : A Delphi study on economic and societal implications of 3D printing for 2030. *Technological Forecasting and Social Change*, 117, 84 - 97.

[21] Jin, Y., Du, J. and He, Y. (2017). Optimization of process planning for reducing material consumption in additive manufacturing. *Journal of Manufacturing Systems*, 44, 65 - 78.

[22] Jin, Y. A., He, Y., Fu, J. Z., Gan, W. F. and Lin, Z. W. (2014). Optimization of tool - path generation for material extrusion - based additive manufacturing technology. *Additive Manufacturing*, 1, 32 - 47.

[23] Lee, J., An, J. and Chua, C. K. (2017). Fundamentals and applications of 3D printing for novel materials. *Applied Materials Today*, 7, 120 - 133.

[24] Liu, J., Gaynor, A. T., Chen, S., Kang, Z., Suresh, K., Takezawa, A., Li, L., et al. (2018). Current and future trends in topology optimization for additive manufacturing. *Structural and Multidisciplinary Optimization*, 57, 2457 - 2483.

[25] Magar, S., Khedkar, N. K. and Kumar, S. (2018). Review of the

effect of built orientation on mechanical properties of metal – plastic composite parts fabricated by additive manufacturing technique. *Materials Today: Proceedings*, 5 (2), 3926 – 3935.

[26] Manavalan, E. and Jayakrishna, K. (2018). A review of Internet of Things (IoT) embedded sustainable supply chain for industry 4.0 requirements. *Computers & Industrial Engineering*, 127, 925 – 953.

[27] Marchese, K. and Crane, J. (2018). 3D opportunity for the supply chain; Additive manufacturing delivers. available at: https://www2.deloitte.com/insights/us/en/focus/3dopportunity/additive – manufacturing – 3d – printing – supply – chain – transformation.html.

[28] Morrow, W. R., Qi, H., Kim, I., Mazumder, J. and Skerlos, S. J. (2007). Environmental aspects of laser – based and conventional tool and die manufacturing. *Journal of Cleaner Production*, 15, 932 – 943.

[29] Muller, P., Mognol, P. and Hascoet, J. Y. (2013). Modeling and control of a direct laser powder deposition process for Functionally Graded Materials (FGM) parts manufacturing. *Journal of Materials Processing Technology*, 213 (5), 685 – 692.

[30] Munoz, A. A. and Sheng, P. (1995). An analytical approach for determining the environmental impact of machining processes. *Journal of Materials Processing Technology*, 53 (3 – 4), 736 – 758.

[31] Munsch, M. (2017). *Laser Additive Manufacturing of Customized Prosthetics and Implants for Biomedical Applications.* Laser Additive Manufacturing, Elsevier Ltd., available at: https://doi.org/10.1016/B978 – 0 – 08 – 100433 – 3.00015 – 4.

[32] Narain, R. and Sarik, J. (2006). Strategic justification of rapid prototyping systems. in E. A. Nasr and A. K. Kamrani, eds., Rapid Prototyping: *Theory and Practices*, Springer, Boston, MA, 253 – 270.

[33] Normale, E., Rennes, S. De, Bretagne – loire, U. and Richir, S. (2018). Support optimization for additive manufacturing: application to FDM. *Rapid Prototyping Journal*, 24 (1), 69 – 79.

[34] Oettmeier, K. (2016). Impact of additive manufacturing technology adoption on supply chain network structures – An exploratory case study. *Journal of Manu-*

*facturing Technology Management*, 27 (7), 944 –968.

[35] Özceylan, E., Çetinkaya, C., Demirel, N. and Sabırlıo, O. (2018). Impacts of additive manufacturing on supply chain flow: A simulation approach in healthcare industry. *Logistics*, 2, 1 –20.

[36] Petrick, I. J. and Simpson, T. W. (2013). 3D printing disrupts manufacturing how economies of one create new rules of competition. *Research – Technology Management*, 56 (6), 12 – 16.

[37] Rathee, S., Srivastava, M., Maheshwari, S. and Noor, A. (2017). Effect of varying spatial orientations on build time requirements for FDM process : A case study. *Defence Technology*, 13 (2), 92 – 100.

[38] Rejeski, D., Zhao, F. and Huang, Y. (2018). Research needs and recommendations on environmental implications of additive manufacturing. *Additive Manufacturing*, 19, 21 –28.

[39] Riley, W., Sturges, L. and Morris, D. (2011). *Mechanics of Materials*, 16th Ed., John Wiley & Sons, Hoboken, NJ.

[40] Singh, S., Sachdeva, A. and Sharma, V. S. (2017). Optimization of selective laser sintering process parameters to achieve the maximum density and hardness in polyamide parts. *Progress in Additive Manufacturing*, 2 (1 –2), 19 –30.

[41] Spierings, A. B., Voegtlin, M., Bauer, T. and Wegener, K. (2016). Powder flow – ability characterization methodology for powderbed – based metal additive manufacturing. *Progress in Additive Manufacturing*, 1 (1 –2), 9 –20.

[42] Sreenivasan, R. and Bourell, D. L. (2010). Sustainability study in selective laser sintering – An energy perspective. *Minerals, Metals and Materials Society/AIME*, Warrendale, PA, pp. 257 –265.

[43] Sreenivasan, R., Goel, A. and Bourell, D. L. (2010). Sustainability issues in laser – based additive manufacturing. *Physics Procedia*, 5 (1), 81 –90.

[44] Srivastava, M., Maheshwari, S., Kundra, T. K. and Rathee, S. (2017). Multi – Response Optimization of Fused Deposition Modelling Process Parameters of ABS Using Response Surface Methodology (RSM) – Based Desirability Analysis. in *5th International Conference of Materials Processing and Characterization (ICMPC* 2016) *Multi – Response*, 4, pp. 1972 – 1977.

[45] Tang, Y., Mak, K. and Zhao, Y. F. (2016). A framework to reduce

product environmental impact through design optimization for additive manufacturing. *Journal of Cleaner Production*, 137, 1560 – 1572.

[46] Taufik, M. and Jain, P. K. (2013). Role of build orientation in layered manufacturing: A review. *International Journal of Manufacturing Technology and Management*, 27 (1/2/3), 47 – 73.

[47] Vaezi, M., Seitz, H. and Yang, S. (2013). A review on 3D micro – additive manufacturing technologies. *International Journal of Advanced Manufacturing Technology*, 67 (5 – 8), 1721 – 1754.

[48] Verma, A. and Rai, R. (2016). Sustainability – induced dual – level optimization of additive manufacturing process. *International Journal of Advanced Manufacturing Technology*, 88 (5 – 8), 1945 – 1959.

[49] Wang, X., Gong, X. and Chou, K. (2015). Review on powder – bed laser additive manufacturing of Inconel 718 parts. *Journal of Engineering Manufacture*, 231 (11), 1 – 14.

[50] Wohlers Report. (2015). *3D Printing and Additive Manufacturing State of the Industry Annual Worldwide Progress Report.* Wohlers Associates, 2015.

[51] Wohlers Report. (2018). *Advanced Materials and Additive Manufacturing State of the Industry Annual Worldwide Progress Report.* Wohlers Associates, 2018.

[52] Wong, K. V. and Hernandez, A. (2012). A review of additive manufacturing. *ISRN Mechanical Engineering*, 2012, 1 – 10.

[53] Xiaohui, S., Wei, L., Pinghui, S., Qingyong, S. and Qingsong, W. (2015). Selective laser sintering of aliphatic – polycarbonate/ hydroxyapatite composite scaffolds for medical applications. *The International Journal of Advanced Manufacturing Technology*, 81, 15 – 25.

[54] Yakout, M. and Elbestawi, M. (2017). Additive manufacturing of composite materials: An overview. in *Proceedings of the 6th International Conference on Virtual Machining Process Technology*, Montréal, Canada.

[55] Yoon, H., Lee, J., Kim, H., Kim, M., Kim, E. and Shin, Y. (2014). A comparison of energy consumption in bulk forming, subtractive, and additive processes: Review and case study. *International Journal of Precision Engineering and Manufacturing – Green Technology*, 1 (3), 261 – 279.

[56] Zhang, Y., Bernard, A., Harik, R. and Karunakaran, K. P. (2017). Build orientation optimization for multi - part production in additive manufacturing. *Journal of Intelligent Manufacturing*, 28 (6), 1393 - 1407.

# 章内容纲要

# 3 印度工业可持续供应商合作激励因素评价

## 3.1 概述

气候变化、资源依赖和可持续发展等问题正在引起国际机构，如联合国环境规划署（the United Nations Environment Programme，UNEP）、独立组织如全球报告倡议组织（Global Reporting Initiative，GRI①）和各种非政府组织（NGO）越来越多的关注。因此，可持续发展已成为研究中最关键的概念之一。自 1972 年在斯德哥尔摩举行的联合国人类环境会议上提出可持续发展（Sustainable Development，SD）概念以来，全球制造企业承受着巨大的压力，因为需要在开展业务时考虑生态和社会因素（Mathiyazhagan et al.，2019）。在印度，由于污染的加剧，制造业特别受到关注，并且承受着将可持续性纳入运营的压力。因此，供应商在实现可持续发展方面发挥着最重要的作用（Govindan et al.，2017）。因为供应商会影响可持续供应链的整体发展，为了实现运营的可持续发展，首先要建立成功的业务联盟，并与其他渠道合作伙伴，尤其是与供应商（Kara et al.，2016）建立共同的可持续发展目标（Amindoust et al.，2012）。

因此，许多汽车零部件（Automobile Spare Parts，ASP）制造企业为了更有效地管理原材料和组件，正在探索与供应商进行供应链合作的可能性。朝这个方向迈出的第一步是列出激励因素（Motivational Factor，MF）

① GRI，全球报告倡议组织，成立于 1997 年，是一家独立的国际组织，由 UNEP 和 CERES（美国非政府组织“对环境负责的经济体联盟”）共同发起，秘书处设在荷兰阿姆斯特丹。GRI 于 2000 年发布了首个全球可持续发展报告框架，并建立了巴西（2007 年）、中国（2009 年）、印度（2010 年）、美国（2011 年）、南非（2013 年）、哥伦比亚（2014 年）和新加坡（2019 年）七个区域中心，为全球的组织和利益相关方提供支持。

清单，这些因素在整合可持续性合作伙伴方面给供应商带来压力。在合作联盟相关文献中，研究主要集中在通过强化企业与非政府组织的关系以及采取 PPP① 模式加强企业和政府的关系来增强环境的可持续性（Niesten et al.，2017）。相关文献仍然缺乏对激励因素的研究，这也是本章的创新之处。

本研究识别了供应商合作联盟实施过程中的激励因素，详细目标如下。

（1）确定用于与供应商实施合作联盟的激励因素。

（2）通过最佳—最差多标准决策分析方法评估因素，识别每个激励因素的重要性。

## 3.2 文献综述

组织协作是各公司之间的联盟，通过合作获取互补资源来分担风险并产生更多回报（Simatupang and Sridharan，2002；Sandberg，2007）。传统上，公司通过合作降低成本并创造竞争优势（Cao and Zhang，2011）。资源共享被认为是公司之间合作的一个重要标准，包括相互分担有形和无形的责任（Ramanathan and Gunasekaran，2014）。合作联盟也是增强供应链整体绩效的有力工具（Van der Vaart et al.，2008；Nyaga et al.，2010；Kache，2014）。不同的研究人员确定了合作联盟与供应链网络的各个渠道成员整合的不同原因。可以说，根据企业的要求，各种激励因素是合作联盟的基础。

作为衡量其竞争地位的可持续性增长会影响公司的协作行为。企业与供应商之间可持续合作的研究不足。大多数研究重点主要放在生态和经济合作上。Klassen 和 Vachon（2003）在研究中强调，公司与其供应商之间建立合作联盟的主要原因是减少对环境的影响。Vachon 和 Klassen（2006）进一步验证了这一观点，他们研究合作联盟的倾向时，发现当企业及其供应商朝着长期无害于环境的运营这一共同目标努力时，合作效果会更好。Large 和 Thomsen（2011）分析了绿色供应链绩效的潜在推动因素，并确定绿色供应商评估的等

① PPP（Pubic－Prirate Partnership）模式，即政府和社会资本合作，是在公共基础设施项目运营中鼓励民营资本、私营企业与政府合作，政府采取竞争性方式选择具有投资、运营管理能力的社会资本，双方按照平等协商原则签订合同，社会资本凭以提供公共服务，而政府根据公共服务绩效评价结果支付对价。

级和绿色合作水平直接影响环境绩效。总体来说，从文献中可以看出，环境因素是企业与其供应商之间合作联盟的激励因素之一。

合作联盟的另一个基本激励因素是社会可持续性。Hsueh（2015）的一项研究分析了企业社会责任（Corporate Social Responsibility，CSR）的协作对企业和供应商利润的影响。此外，Sancha 等（2016）的研究表明，当企业对利益相关者的可持续性要求更高时，它将自动对供应商实施相同的要求。尽管有供应链中合作伙伴关系的相关文献，但很少有人讨论决策框架背后的激励因素。大多数文献关注的是确定一个或多个因素，而不是将成功的供应商—企业联盟的激励因素进行重要性排序。在现有文献中，关于可持续性的概念没有涉及全部，重点仅放在可持续性的一个方面，而不是三个方面。本章旨在分析影响企业与其供应商之间可持续合作联盟的激励因素。

## 3.3 问题描述

本章介绍了位于印度首都地区的汽车零部件制造公司中可持续集成以及供应链管理的问题。根据政府的环保政策，企业承受着需要考虑可持续生产的压力。按照这种观点，供应商在实现可持续性方面发挥着重要的作用。各类激励因素推动企业走向可持续合作。

但是，企业在识别重要的激励因素以实现与供应商的可持续合作方面道阻且长。XYZ 公司是各种电池、电缆线束、连接器、端子和内部塑料组件的领先制造商，为汽车的各个垂直领域提供了相关解决方案，因此成为本案例的研究对象。其客户为各种两/三轮车、商用和多功能车、建筑设备、拖拉机等制造公司，在印度各地设有工厂。我们选定拥有十二年历史的大诺伊达工厂进行研究。为此，我们首先要了解那些促进与供应商集成开展可持续合作的激励因素，这是当前工作的动机。

因此，本研究报告中涉及的研究问题有以下两个。

（1）在选择合作伙伴的供应商时需要考虑哪些激励因素？

（2）应如何确定这些激励因素的优先级，以便实现公司的可持续发展目标？

## 3.4 研究方法

在多准则决策（Multi-criteria Decision Making，MCDM）方法下，最佳—最差方法（Best - Worst Method，BWM）是通过成对比较矩阵来对比因素的实用方法。此方法优于层次分析法（AHP），是 Jafar Rezaei 于 2015 年提出的。与其他 MCDM 方法相比，此方法的目的是在信息相对较少的情况下计算各因素的优先级（Rezaei，2015）。与 AHP 中使用的完整成对矩阵相比，BWM 仅基于两个比较向量提供优先级向量。

BWM 的步骤如下（Rezaei，2015）。

第 1 步：选择准则集。

在此步骤中，基于文献调查和与决策者的讨论，确定决策准则。

$$F = \{f_1, f_2, \cdots, f_n\}$$

第 2 步：确定最佳和最差准则。

根据决策者讨论，选择最佳和最差的准则。

第 3 步：计算最佳准则的偏好。

根据决策者的输入，使用 1 ~ 9 分来计算最佳准则相对于其他准则的偏好。这将生成如下所示的“最佳相对其他”向量：

$$\boldsymbol{K}_B = (\boldsymbol{k}_{B1}, \boldsymbol{k}_{B2}, \cdots, \boldsymbol{k}_{Bi})$$

其中 $\boldsymbol{k}_{Bi}$ 给出最佳准则 $B$ 相对于第 $i$ 个准则的偏好，并且 $\boldsymbol{k}_{BB} = 1$。

第 4 步：计算最差准则的偏好。

此步骤与步骤 3 相似，但是在这里，计算出的向量为“其他相对于最差”，如下所示：

$$\boldsymbol{K}_W = (\boldsymbol{k}_{1W}, \boldsymbol{k}_{2W}, \cdots, \boldsymbol{k}_{iW})^{\mathrm{T}}$$

其中 $\boldsymbol{k}_{iW}$ 给出了第 $i$ 个准则相对于最差准则 $\boldsymbol{W}$ 的偏好，并且 $\boldsymbol{k}_{WW} = 1$。

第 5 步：计算最佳权重。

在这一步中，我们使用 $(\boldsymbol{y}_1^*, \boldsymbol{y}_2^*, \cdots, \boldsymbol{y}_i^*)$ 来计算最佳权重向量。

第 $i$ 个准则的最佳权重满足以下条件：

$$\frac{\boldsymbol{y}_B^*}{\boldsymbol{y}_i^*} = \boldsymbol{k}_{Bi} \text{ 和 } \frac{\boldsymbol{y}_i^*}{\boldsymbol{y}_W^*} = \boldsymbol{k}_{iW}$$

为了满足该条件，需要将所有因素的最大绝对差 $\left|\frac{\boldsymbol{y}_B}{\boldsymbol{y}_i} - \boldsymbol{k}_{Bi}\right|$ 和

$\left|\frac{\boldsymbol{y}_i}{\boldsymbol{y}_W} - \boldsymbol{k}_{iW}\right|$ 最小化。

因此，如 Rezaei（2015）所述，我们可以使用以下编程问题来计算最佳权重：

$$\min \max_i \left\{ \left|\frac{\boldsymbol{y}_B}{\boldsymbol{y}_i} - \boldsymbol{k}_{Bi}\right|, \left|\frac{\boldsymbol{y}_i}{\boldsymbol{y}_W} - \boldsymbol{k}_{iW}\right| \right\}$$

$$\text{s. t.} \quad \sum_i \boldsymbol{y}_i = 1 \qquad \text{(P1)}$$

$$\boldsymbol{y}_i \geqslant 0 \qquad \forall i = 1,2,\cdots,n$$

问题 P1 等价于下面的线性规划公式 P2：

$$\min \eta$$

$$\text{s. t.} \quad \begin{array}{l} |\boldsymbol{y}_B - \boldsymbol{k}_{Bi}\boldsymbol{y}_i| \leqslant \eta \quad \forall i = 1,\ 2,\ \cdots,\ n \\ |\boldsymbol{y}_i - \boldsymbol{k}_{iW}\boldsymbol{y}_W| \leqslant \eta \quad \forall i = 1,\ 2,\ \cdots,\ n \end{array}$$

$$\sum_i \boldsymbol{y}_i = 1 \qquad \text{(P2)}$$

$$\boldsymbol{y}_i \geqslant 0 \qquad \forall i = 1,2,\cdots,n$$

在解决问题 P2 时，我们确定了 $\eta^*$ 的权重值。

第 6 步：检查解决方案的一致性。

通过计算一致性比率（$CR$）来检查解决方案的一致性：

$$CR = \frac{\eta^*}{CI}$$

一致性指数（$CI$）如表 3－1 所示（Rezaei，2015）。

**表 3－1　　BWM 一致性指数**

| $\boldsymbol{k}_{Bi}$ | 1 | 2 | 3 | 4 | 5 | 6 | 7 | 8 | 9 |
|---|---|---|---|---|---|---|---|---|---|
| 一致性指数（最大值） | 0. 00 | 0. 44 | 1. 00 | 1. 63 | 2. 30 | 3. 00 | 3. 73 | 4. 47 | 5. 23 |

如果 $CR$ 的值接近于 0，则认为该解决方案具有更高的一致性；而 $CR$ 接近 1 时则表明具有较小的一致性。当 $CR$ 不等于 0 时，可以说成对比较矩阵不完全一致，并且我们可能有多个最优解。因此，我们需要找到 Rezaei（2016）的研究给出的标准权重的最佳区间。第 $i$ 个准则的权重的上限和下限分别通过解决问题 P3 和 P4 来确定：

$$\min \boldsymbol{y}_i$$

$$\text{s.t.} \begin{cases} \left|\dfrac{\boldsymbol{y}_B}{\boldsymbol{y}_i} - \boldsymbol{k}_{Bi}\right| \leqslant \eta^* \quad \forall i = 1, 2, \cdots, n \\ \left|\dfrac{\boldsymbol{y}_i}{\boldsymbol{y}_W} - \boldsymbol{k}_{iW}\right| \leqslant \eta^* \quad \forall i = 1, 2, \cdots, n \end{cases} \qquad (\text{P3})$$

$$\sum_i \boldsymbol{y}_i = 1$$

$$\boldsymbol{y}_i \geqslant 0 \quad \forall i = 1,2,\cdots,n$$

$$\max \boldsymbol{y}_i$$

$$\text{s.t.} \begin{cases} \left|\dfrac{\boldsymbol{y}_B}{\boldsymbol{y}_i} - \boldsymbol{k}_{Bi}\right| \leqslant \eta^* \quad \forall i = 1, 2, \cdots, n \\ \left|\dfrac{\boldsymbol{y}_i}{\boldsymbol{y}_W} - \boldsymbol{k}_{iW}\right| \leqslant \eta^* \quad \forall i = 1, 2, \cdots, n \end{cases} \qquad (\text{P4})$$

$$\sum_i \boldsymbol{y}_i = 1$$

$$\boldsymbol{y}_i \geqslant 0 \quad \forall i = 1,2,\cdots,n$$

通过解决 P3 和 P4 这两个编程问题，我们以区间形式确定了准则的最佳权重。这些区间的中值可用于对准则进行排名。

## 3.5 案例应用

### 3.5.1 研究设计

本阶段我们为位于大诺伊达的 ASP 制造公司确定激励因素并确定优先级。我们在考虑社会、环境和经济方面的基础上，确定各种激励因素。本研究在印度首都地区（NCR）邀请学术领域专家（管理和工程学院的教授）和汽车零部件制造公司的专家（中上层管理人员以及工程师）来协助确定在其生产过程中达到理想可持续性水平所需的激励因素。专家小组由 2 名工程学教授、1 名管理学教授和 5 名来自 ASP 制造公司的高级经理组成。根据专家组的讨论，确定了 9 个因素，如表 3－2 所示。

表 3-2 印度 ASP 制造公司可持续发展激励因素清单

| 激励因素 | 文献来源 |
|---|---|
| 行业对可持续合作的市场压力（MF1） | Kushwaha 和 Sharma（2016） |
| 信息和资源共享以吸引客户（MF2） | Cao et al.（2010），Ramanatha 和 Gunasekaran（2014） |
| 为实现可持续目标而制定的政府奖励和刺激计划（MF3） | Morgan et al.（2016） |
| 非政府组织不断施加压力以减少浪费（MF4） | 自设 |
| 公司与合作伙伴之间对可持续发展目标的相互理解（MF5） | Sakka et al.（2011） |
| 吸引全球客户（MF6） | 自设 |
| 客户对环保产品的压力（MF7） | Chen et al.（2015） |
| 利益相关者施加人力资源政策的压力（MF8） | Zhang et al.（2017） |
| 提供安全健康的工作条件（MF9） | Govindan et al.（2019） |

在确定了激励因素后，根据专家小组的意见收集相关数据。在数据收集时，决策者被要求选择最佳和最差的激励因素，并以 1 ~9 的分数给出参考比较值。将专家小组中决策者收集的最终数据通过取平均值改写成单个数据。如 3.4 节所述，该数据通过 BWM 确定权重。下面将详细讨论在将可持续性纳入采购操作激励因素时如何应用 BWM 方法确定优先次序。

## 3.5.2 BWM 方法应用案例

在从专家组收集的数据基础上建立基本分析框架，以识别与供应商进行可持续合作的重要激励因素。如上所述，我们在专家小组的帮助下完成了激励因素的定稿。

根据学术界和产业界专家的意见，我们总共完成了 9 个激励因素的研究。遵循 BWM 的步骤，确定准则之后的下一步是确定激励因素中最佳和最差的准则。根据专家小组的共识，发现最佳的激励因素是 MF4（非政府组织不断施加压力以减少浪费)，而最差的激励因素是 MF2（信息和资源共享以吸引客户)。下一步，我们需要给出最佳准则相对于所有其他准则的偏好，并给出其他准则相对于最差准则的偏好，等级为 1~9。这些成对的比较如表 3-3 所示。权重由问题 P2 确定，问题 P2 使用 LINGO 软件进行求解。权重以图形方式显示在图 3-1 中。

**表 3-3　激励因素的成对比较**

| 最佳相对其他 | MF1 | MF2 | MF3 | MF4 | MF5 | MF6 | MF7 | MF8 | MF9 |
|---|---|---|---|---|---|---|---|---|---|
| MF4 | 2 | 9 | 3 | 1 | 6 | 5 | 4 | 8 | 3 |
| 其他相对最差 | MF2 | | | | | | | | |
| MF1 | 6 | | | | | | | | |
| MF2 | 1 | | | | | | | | |
| MF3 | 5 | | | | | | | | |
| MF4 | 9 | | | | | | | | |
| MF5 | 3 | | | | | | | | |
| MF6 | 4 | | | | | | | | |
| MF7 | 7 | | | | | | | | |
| MF8 | 2 | | | | | | | | |
| MF9 | 5 | | | | | | | | |

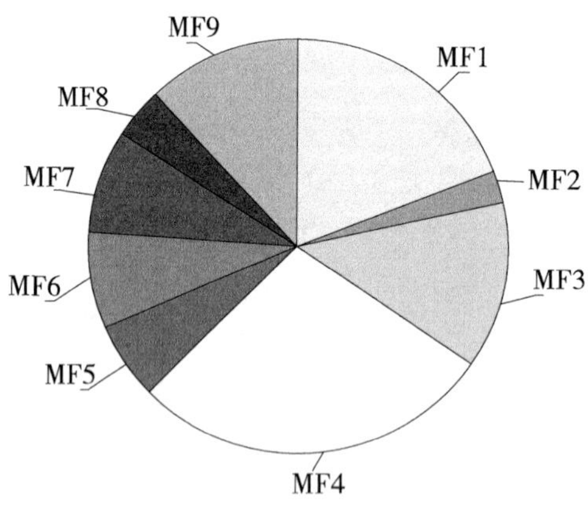


**图 3-1　激励因素的权重**

根据 $\eta^*$ 的值，我们计算 $CR$。在这里，我们得到 $\eta^* = 0.0746$，$CR$ 的值为 0.014，接近 0。因此，该解决方案被认为是一致的。

## 3.6　结果和讨论

本研究借助 BWM，对激励因素进行了分析，结果发现，根据专家们的意见，“非政府组织不断施加压力以减少浪费”（MF4）是最佳激励因素。减少浪费和提高可持续性的首要前提是建立废弃物管理意识（Gazzola et al., 2019）。在确保对供应商施加更大压力以进行可持续实践方面，这一因素尤其重要。同样，“行业对可持续合作的市场压力”（MF1）是可持续供应商协作的次佳激励因素。由于资源稀缺和全球变暖，客户逐渐关注环保产品，这将迫使行业考虑在供应商选择的传统标准上要增加可持续性标准。另外，“信息和资源共享以吸引客户”（MF2）可能是可持续供应商合作的最差激励因素。与 MF1 相比，信息和资源共享并没有带来更多的动力。“利益相关者施加人力资源政策的压力”（MF8）可能是次差激励因素。同样，“公司与合作伙伴之间对可持续发展目标的相互理解”（MF5）和“吸引全球客户”（MF6）也属于较差的激励因素。

## 3.7　管理意义

ASP 制造企业受到政府和非政府组织的严格监督，以确保其在业务运营中关注生态和社会福利问题。制造商正在寻求其供应商的帮助，通过与供应商合作有效增强可持续性。本研究得出了影响 ASP 制造企业与供应商可持续性合作的主要激励因素。从当前的工作中可以得出各种理论和政策建议，以下将对此进行讨论。

### 3.7.1　理论意义

我们为印度 ASP 制造企业与供应商建立合作联盟提出一些意见和建议。

（1）非政府组织的持续压力是迫使制造商与供应商合作的主要因素。

（2）通过与供应商的合作，制造商可以在声誉方面获得更多的国际知名度。

（3）制造商可以在供应商的帮助下共同制订战略培训计划，以提高整体可持续性，并促进建立更健康、更可持续的供应链网络。

### 3.7.2 政策建议

为减轻政府方面日益增加的压力，制造商迫切需要与供应商合作以增强其价值链的总体可持续性。为了解决此问题，我们提出了一些建议。

（1）政府应为推动可持续发展举措提供充分的奖励和激励措施。

（2）严格的政府法规要求减少环境影响，可以建立供应商和制造商之间的可持续发展联盟，这有利于提高其可持续性。

（3）非政府组织在促进制造商运用创新思想来改善社会和生态绩效方面可以提供帮助。

## 3.8 结论和建议

由于环境污染越发严重，制造业特别受到关注。汽车行业竞争的加剧促使这些行业采用新方法，将可持续性纳入其制造和采购活动考虑范畴。这导致一些 ASP 制造企业与供应商进行供应链合作以有效管理原材料和组件。

在这个导向下，任何一家 ASP 制造公司的首要诉求都是了解促进与供应商可持续合作的激励因素清单。基于与各行业专家的讨论，总共选择了 9 种激励因素进行此项研究。根据专家小组的意见，使用 BWM 的最新开发方法对重要的激励因素进行优先排序，以纳入可持续性。我们应用印度北部的汽车零部件制造商的案例来验证。专家小组达成共识，发现最佳激励因素是“非政府组织不断施加压力以减少浪费”（MF4），而最差激励因素是“信息和资源共享以吸引客户”（MF2）。因此，本研究提供了评估激励因素的框架，以评估 ASP 行业供应商的可持续合作联盟。

## 参考资料

[1] Amindoust et al. Sustainable supplier selection: A ranking model based on fuzzy inference system. *Applied Soft Computing*, 12 (6), 1668 – 1677.

[2] Cao, M., Vonderembse, M. A., Zhang, Q., & Ragu – Nathan, T. S. (2010). Supply chain collaboration: Conceptualisation and instrument development. *International Journal of Production Research*, 48 (22), 6613 – 6635.

[3] Cao, M., & Zhang, Q. (2011). Supply chain collaboration: Impact on collaborative advantage and firm performance. *Journal of Operations Management*, 29 (3), 163 – 180.

[4] Chen, Y. J., Wu, Y. J., & Wu, T. (2015). Moderating effect of environmental supply chain collaboration: Evidence from Taiwan. *International Journal of Physical Distribution & Logistics Management*, 45 (9/10), 959 – 978.

[5] Gazzola, P., Del Campo, A. G., & Onyango, V. (2019). Going green vs going smart for sustainable development: Quo vadis? *Journal of Cleaner Production*, 214, 881 – 892.

[6] Govindan, K., Darbari, J. D., Agarwal, V., & Jha, P. C. (2017). Fuzzy multi – objective approach for optimal selection of suppliers and transportation decisions in an eco – efficient closed loop supply chain network. *Journal of Cleaner Production*, 165, 1598 – 1619.

[7] Govindan, K., Jha, P. C., Agarwal, V., & Darbari, J. D. (2019). Environmental management partner selection for reverse supply chain collaboration: A sustainable approach. *Journal of Environmental Management*, 236, 784 – 797.

[8] Hsueh, C. F. (2015). A bilevel programming model for corporate social responsibility collaboration in sustainable supply chain management. *Transportation Research Part E: Logistics and Transportation Review*, 73, 84 – 95.

[9] Kache, F., & Seuring, S. (2014). Linking collaboration and integration to risk and performance in supply chains via a review of literature reviews. *Supply Chain Management: An International Journal*, 19 (5/6), 664 – 682.

[10] Klassen, R. D., & Vachon, S. (2003). Collaboration and evaluation in the supply chain: The impact on plant – level environmental investment. *Production and Operations Management*, 12 (3), 336 – 352.

[11] Kushwaha, G. S., & Sharma, N. K. (2016). Green initiatives: A step towards sustainable development and firm's performance in the automobile industry. *Journal of Cleaner Production*, 121, 116 – 129.

[12] Large, R. O., & Thomsen, C. G. (2011). Drivers of green supply

management performance: Evidence from Germany. *Journal of Purchasing and Supply Management*, 17 (3), 176 – 184.

[13] Mathiyazhagan, K., Sengupta, S., & Mathivathanan, D. (2019). Challenges for implementing green concept in sustainable manufacturing: A systematic review. *OPSEARCH*, 56 (1), 32 – 72.

[14] Nyaga, G. N., Whipple, J. M., & Lynch, D. F. (2010). Examining supply chain relationships: Do buyer and supplier perspectives on collaborative relationships differ? *Journal of Operations Management*, 28 (2), 101 – 114.

[15] Ramanathan, U., & Gunasekaran, A. (2014). Supply chain collaboration: Impact of success in long – term partnerships. *International Journal of Production Economics*, 147, 252 – 259.

[16] Rezaei, J. (2015). Best – worst multi – criteria decision – making method. *Omega*, 53, 49 – 57.

[17] Sakka, O., Millet, P. A., & Botta – Genoulaz, V. (2011). An ontological approach for strategic alignment: A supply chain operations reference case study. *International Journal of Computer Integrated Manufacturing*, 24 (11), 1022 – 1037.

[18] Sancha, C., Gimenez, C., & Sierra, V. (2016). Achieving a socially responsible supply chain through assessment and collaboration. *Journal of Cleaner Production*, 112, 1934 – 1947.

[19] Sandberg, E. (2007). Logistics collaboration in supply chains: practice vs. theory. *International Journal of Logistics Management*, 18 (2), 274 – 293.

[20] Simatupang, T. M., & Sridharan, R. (2002). The collaborative supply chain. *International Journal of Logistics Management*, 13 (1), 15 – 30.

[21] Vachon, S., & Klassen, R. D. (2006). Extending green practices across the supply chain: The impact of upstream and downstream integration. *International Journal of Operations & Production Management*, 26 (7), 795 – 821.

[22] Van der Vaart, T., & Van Donk, D. P. (2008). A critical review of survey – based research in supply chain integration. *International Journal of Production Economics*, 111 (1), 42 – 55.

[23] Zhang, M., Pawar, K. S., & Bhardwaj, S. (2017). Improving supply chain social responsibility through supplier development. *Production Planning & Control*, 28 (6 – 8), 500 – 511.

# 章内容纲要

4.1　引言
4.2　研究目的
4.3　文献综述
4.4　案例应用
4.4.1　基于乡村牛奶收购的供应链整合
4.4.2　设备分散采购的框架协议
4.4.3　采购错误和质量保证
4.5　对策建议
4.5.1　形成乳业特区
4.5.2　实行自我激励的牛奶收购方法
4.5.3　建立合作社
4.5.4　建设饲料库提升饲料生产率
4.6　结论
4.7　未来研究方向
致谢
参考资料

# 4　创新的采购实践提高生产效率

——以印度乳业为例

## 4.1　引言

1998 年以来，印度一直是乳制品的主要生产国和购买国之一，在获取和供给牛奶和乳制品方面不断发展。奶牛养殖和其相关产业提供了大量就业的岗位，为印度农村经济发展发挥了重要作用。印度是人口较多的国家，然而印度牛奶和乳制品产量却比其他乳业大国要低得多。

在印度，大部分乳制品以液态牛奶的形式出售。乳制品行业在印度经济增长中起着至关重要的作用（Mangla et al., 2019b; Singh et al., 2019）。

乳业吸纳大量就业人口，帮助了印度农村地区减少贫困人口。印度乳业具有促进国家发展的潜力（Yawar and Kauppi, 2018; Ishrat et al., 2018）。印度的人口很多，大约有 13 亿，这些人和大多数其他国家的人一样依赖乳制品，如牛奶、凝乳、奶酪、糖果等。为了满足需求，乳制品行业完全依赖原料——牛奶，这种易变质且价格周期波动大的产品（Ciarli et al., 2018; Ali et al., 2019）。现在面临的问题是，如何以及从哪里收集牛奶来满足人们的日常需求，或者是什么因素影响牛奶采购（Lehtinen, 2012）。印度是世界上主要的牛奶生产国之一，但需求和供给仍然有巨大的差距。如果通过改善牛奶供应链来缩小差距，将直接改善印度经济情况（Kamath et al., 2019）。在改善牛奶供应方面，可持续性在整个供应链中非常重要。为了应对普遍的挑战，“可持续性”的概念对牛奶供应和乳制品行业已经产生了影响，因为它强调以最有效的方式消耗资源（WCED, 1987）。根据印度政府 2015—2016 年的经济调查，印度每年的牛奶产量接近 1.463 亿吨。

本研究旨在调查那些提高印度乳制品产量的创新采购实践（Rijswijk et al., 2017; Glover et al., 2019）。乳制品行业实施最新技术和创新来完成牛奶采购，例如以下领域。

奶牛健康——牛奶的生产直接取决于奶牛的健康状况（Burkitbayeva et al.，2019）。因此，检测奶牛的健康状况非常重要，这可以通过市面上随处可见的智能手表来实现。这些手表可以连续监测奶牛的脉搏频率和其他体征，以了解它们的健康状况。

产奶过程的异常情况——蓝牙低能耗（Bluetooth Low Energy，BLE）和射频识别（Radio Frequency Identification，RFID）技术被用于跟踪奶牛。每头奶牛都有一个唯一的识别码，扫码可以追踪它们的体温和产奶量（Gupta，2017；Gargiulo et al.，2018；Sharma et al.，2018c）。奶牛食用的饲料影响产奶，这是影响牛奶的味道和质量的主要原因。饲料是牛奶生产中的一个重要因素，也是奶牛场经营的主要成本。因此，饲料质量应良好，以确保牛奶的高产和优产（Hall et al.，2019）。

根据 IMARC 集团[①]最新发布的《印度乳制品行业 2019 年版：市场规模、增长、价格、细分、合作社、私人奶牛场、采购和销售》的报告，2018 年，印度奶制品市场的价值已经增长到 91.68 亿卢比。[②]

## 4.2 研究目的

印度相对较低的人均牛奶供应量和低报酬的乳制品采购方法是本研究的动机来源。在印度，由于缺乏质量意识、技术和政策，加上冷链效率不佳，牛奶损耗严重（Sharma et al.，2018a，2018b）。本章我们将重点放在通过乳制品供应链中的采购创新实践，提高其生产力。这将有助于政府和企业制定新的政策和计划，以促进印度乳制品业发展。

## 4.3 文献综述

在本章文献综述中，我们主要关注三个关键因素，即乳制品供应链和食

① IMARC 集团，全称 the International Market Analysis Research and Consulting Group，国际市场研究与咨询集团，是一家领先的市场研究公司，在全球范围内提供市场和商业研究情报，在美国、英国和印度开设分支机构。

② 1 卢比约合人民币 0.09 元。

品、影响牛奶生产的职能问题、投入成本（基于牛奶采购价格）。印度大约80%的牛奶由奶农生产，然后由非结构化部门处理，其余20%由结构化部门处理（Rajendran and Mohanty，2004）。Eastwood 等（2016），Rijswijk 和 Brazendale（2017）以及 Eastwood 等（2018）强调了奶农面临的诸多问题。当付款被记入农户账户时，定价过程并不反映牛奶的生产成本（Saravanakumar and Jain，2009）。Mor 等（2019b）主要关注了乳制品供应链的关键因素。Prasad 和 Kumari（2016）重点关注了合作社可持续发展的重新思考。Meganathan 等（2010）认为牛奶生产者主要关心的是无利润的乳制品价格。Sharma 等（2018a，2018b）和 Mangla 等（2019a）主要关注如何在食品供应链中实现可持续性。Läpple 和 Thorne（2019）研究了创新如何影响经济的可持续性，认为创新是实现乳制品行业可持续生产发展的重要一步。Soteriades 等（2016）发现奶牛集中养殖的环境可持续性取决于养殖系统和养殖环境。Kulandaiswamy（1982）建议采用基于成本的价值获取系统来确定投入成本。因此，确定相当不稳定的投入成本，是迈向可持续性的重要一步。根据 Subburaj 等（2015）和 D' Haene 等（2019）的研究，牛奶采购价格应该是基于牛奶生产成本、周期变化和整体市场变动而定。

综上，本研究主要集中在印度乳制品行业创新的采购实践和政策，旨在提高生产率和促进印度经济发展（Sharma，2015；Eastwood et al.，2016；Asayehegn et al.，2019）。

## 4.4 案例应用

印度是世界上最大的牛奶生产国①和最大的牛奶消费国。印度的中产阶级人口增长迅速，因此将面临牛奶短缺的问题（Mangla et al.，2016；Kumar et al.，2018；Sharma et al.，2019）。NDP－I（National Dairy Plan－I，国家乳制品计划第一阶段）是印度政府的一个中央部门计划，得到了“国家乳制品支持项目”（National Dairy Support Project，NDSP）的支持。该组织的目标是提高牛奶产量，增加农户进入市场的机会，使他们能够满足不断增长的市场需求。国家乳制品

① 根据 FAO（联合国粮农组织）统计报告，2020 年，全球牛奶产量前三位的国家分别为印度（1.95 亿吨）、美国（1.01 亿吨）、巴基斯坦（4855.8 万吨），各占全球产量的 22.7%、11.8%和 5.6%。中国牛奶产量 3440 万吨，占全球产量的 4.1%，排在第四位。

发展委员会（The National Dairy Development Board，NDDB）是NDP的主要执行机构。这些机构主要关注印度乳制品市场中关于牛奶采购实践的改进。

### 4.4.1 基于乡村牛奶收购的供应链整合

目前印度拥有将近1600万的牛奶生产者，从属于大约15万个乡村牛奶合作社。由于牛奶是一种极易变质的食品，供应链中出现的任何一个错误都可能使原料奶到达加工厂之前就变质。牛奶在收集中心保持良好的储存状况显得十分重要（Subburaj et al.，2015）。

为了解决上述问题，NDSP资助了环境影响评估项目（Environmental Impact Assessments，EIAs），并在农村牛奶收集点安装了散装牛奶冷藏罐（Bulk Milk Chillers，BMCs），从而节省了运输、操作和处理成本。为了提高牛奶的收集和质量检测效率，EIAs还为奶站（收集中心）购置了标准化的自动收集设备（Automated Milk Collection Units，AMCU）和基于数据处理器的收集设备（Data Processor－based Milk Collection Units，DPMCU）以及相关的信息技术系统，同时还配置了牛奶掺假检测试剂盒。这些环评机构采购了牛奶罐并将其提供给奶农，以确保在将牛奶运送到收集中心的过程中保持良好的卫生状况。NDSP还鼓励组建新的村级合作社，以发展更多的奶农供应牛奶。自项目实施中期以来，已覆盖23487个村庄，新增660935个奶牛场。

### 4.4.2 设备分散采购的框架协议

在印度，大约有150个环境影响评估项目组在18个不同的邦工作，这就经常需要制定一些标准条款（如安装散装牛奶冷藏罐）以解决采购、订单延迟和付款延迟等问题，印度政府提出了采购这类物品的框架协议（Framework Agreements，FAs）。框架协议的使用不仅加速了采购过程，在许多情况下还节省了资金，最高可达15%。

### 4.4.3 采购错误和质量保证

印度政府聘请了一个值得信赖的第三方检查机构对框架协议下采购的物品进行质量控制。每个产品都制订了质量保证计划（Quality Assurance Plan，

QAP），以最大限度减少质量缺陷的范围，而这种质量检查从设备制造阶段就已经开始。

这些前瞻性的措施除了令供应商对产品缺陷进行检测和整改，还将使那些无法达到供货质量标准的供应商终止框架协议、解除合同。为有助于监测分散采购的总体进展，政府开发了一个采购管理信息系统，该系统也帮助EIAs实现了信息共享。

## 4.5 对策建议

根据目前在印度乳制品行业进行的采购实践，我们提出了相关建议供有关政策制定者决策参考，具体如下。

- 形成乳业特区
- 实行自我激励的牛奶收购方法
- 建立合作社
- 建立饲料库，提升饲料生产效率

### 4.5.1 形成乳业特区

显然，人们对牛奶的需求日益增长。为了满足需求，有必要提高牛奶和乳制品的产量，这就需要形成一个乳业特区（Special Dairy Zone，SDZ）。建立特区对牛奶产量提升和分拨配送非常重要。如果牛奶生产过剩，可用于出口，从而促进对外贸易。

### 4.5.2 实行自我激励的牛奶收购方法

根据双轴理论的解释，牛奶的成本是通过预先确定的脂肪和非脂乳固体的含量来确定的。在目前的体系中，每公斤脂肪和非脂乳固体的价格通常相同且是固定的。这种方法通常用于牛奶收购，但没有考虑生产成本，无法给印度的奶农适当的报酬①。

① 原文如此，意思是说牛奶收购价格实际上未考虑生产成本，如此支付给奶农的收购价实际是较低的，奶农并未得到应有的回报。

每年有10%的牛奶收购价格可能会被审查。奶农整个作业成本近60%归因于饲料。饲料价格每半年自然上涨5%，全奶产量也以每年10%～10.5%的速度增长。这将给这些奶牛场带来稳定的经济收入。

### 4.5.3 建立合作社

牛奶合作社应该制定明确的规定，因为它是牛奶生产者和购买者之间的桥梁。合作社不是利润集团，合作社的主要目的是满足生产者和购买者的愿望。如果合作社的成员由奶农们用脚投票，可能奶农们损失会降低一些①（Prasad and Kumari，2016）。

### 4.5.4 建设饲料库提升饲料生产率

饲料库的主要目的是“为所有的牛提供饲料”。饲料卡应谨慎地分发给牛奶合作社领军企业。

剩余的饲料应按补贴费率分配给牛奶合作社的成员。因此，对于依赖市场购买饲料的奶农来说，可以降低牛奶生产成本。本研究注意到奶农希望获得额外的官方支持以种植牧草饲料，并通过牛奶合作社将其运送给他们。采用该方案可以降低饲料成本。

相关部门应重视饲料生产，并支持奶农通过农业集群种植牧草饲料。另外，水源和耕地也应该受到保护，不得肆意开发。牛奶合作社和饲料种植的村委会之间可以开展联合项目，让奶农们大展身手。

## 4.6 结论

本章目标是通过创新的做法，缩小印度乳制品行业在牛奶收购方面的差距。此外，本章还为决策者提供了成功收购牛奶的建议。值得注意的是，75%的易腐食品是由于卖家的疏忽而浪费的②。本章的结论是通过创新的做法

① 原文如此，意思是说自发形成的合作社运营效率相对更好，奶牛饲养和牛奶收储销售的损失会更小一些。

② 意指奶农在收储出售过程中操作不规范导致乳制品变质。

可以增加日常供应牛奶的收购量。收购受到加工现场和源头操作不规范造成的浪费以及处理不当等因素的严重影响（Mor et al., 2018b, 2019a）。收集点较多和收集牛奶的方法不卫生可能导致更多的浪费。这些障碍进一步加大了印度乳制品行业在采购体系方面取得实质性发展的压力（Mor et al., 2018a, 2019b; Mangla et al., 2019a）。然而，采用新技术将有助于提高生产率。根据印度渔业、畜牧业和乳业部部长介绍，对比过去四年全球经济增长率 1.7%，印度乳制品行业增长率为 6.4%，而当前的目的是提高每一头奶牛的产奶率。政府“Rashtriya Gokul Mission”① 计划高度重视新技术应用，如胚胎转移技术、性别控制精液生产装置②和基因组学选择技术等，这些将有助于提高生产效率。此外，解决牛奶掺假问题是在乡村收购牛奶的一个关键因素。在这方面，国家乳制品发展计划（National Programme for Dairy Development, NPDD）是维持农户和消费者之间信任的重要机构。此外，许多研究发现，在乳制品行业，冷藏设备的缺乏和电力供应的不足是乳制品浪费的主要原因，这需要采用创新的冷藏技术，以减少牛奶变质和提高牛奶质量。除生产品质良好的牛奶外，在奶牛场建立实验室将有助于鼓励出口，而 2019 年印度乳制品出口仅占全球乳制品出口市场的 0.01%。乳制品行业正试图建立长期可持续的增长。现有的金融模型计算出来的乳制品行业成本增加部分，将通过提高海外市场准入及供应链技术革命带来的价值增值来加以解决。

组织必须改变其在乳制品供应链中的传统做法。为了实现乳制品供应链的可持续性，必须在供应链的各个节点减少浪费，包括乳制品的包装、运输、加工、库存和配送。

对于乳业的可持续发展来说，重点应该放在提高可持续性的新农业实践上。研究认为，提升农场设施以便奶农可以处理牛奶，满足转型的乳制品供应链需要（Augustin et al., 2013）。技术创新、自动牛奶检测、高效的收储中心、运输和质量问题的可追溯，以及信息技术系统的有效实施，可以帮助乳制品行业实现其长期发展目标。因此，在乳制品行业中提出的创新做法将有助于乳业专家规划他们的采购方式，以满足产品质量和维持能力标准。

① 这是莫迪政府推出的计划之一，拨款 50 亿美元用于改善印度本土奶牛的品种，提高牛奶产出率。

② 奶牛分娩母犊时发生分娩并发症更少，产奶量更大，促使奶牛养殖业研发性控精液相关设备和产品。

## 4.7 未来研究方向

本章的研究有赖于乳业专家和政策制定者的支持。预计创新技术可用于印度和其他国家的奶制品收购和加工企业，也可用于其他生鲜食品加工业。

## 致　谢

作者感谢印度葛瑞菲克时代大学（GEU）机械工程系提供的研究设施和资金支持。

## 参考资料

[1] Ali, S. M., Moktadir, M. A., Kabir, G., Chakma, J., Rumi, M. J. U., & Islam, M. T. (2019). Framework for evaluating risks in food supply chain: Implications in food wastage reduction. *Journal of Cleaner Production*, 228, 786 – 800.

[2] Asayehegn, K., Temple, L., Vaast, P., & Iglesias, A. (2019). Innovation systems to adapt to climate change: Lessons from the Kenyan coffee and dairy sectors (pp. 1 – 24). In W. L. Filho, ed., *Handbook of Climate Change Resilience*. Springer Nature, Cham, Switzerland.

[3] Augustin, M. A., Udabage, P., Juliano, P., & Clarke, P. T. (2012). Towards a more sustainable dairy industry: Integration across the farm – factory interface and the dairy factory of the future. *International Dairy Journal*, 31 (1), 2 – 11.

[4] Burkitbayeva, S., Janssen, E., & Swinnen, J. (2019). Technology adoption and value chains in developing countries: Panel evidence from dairy in Punjab. *LICOS Discussion Paper Series*, 1 – 51.

[5] Ciarli, T., Savona, M., Thorpe, J., & Ayele, S. (2018). Innovation for inclusive structural change. A framework and research agenda. *A Framework and Research Agenda* (January 23, 2018). SWPS, 4.

[6] D' Haene, E., Desiere, S., D' Haese, M., Verbeke, W., & Schoors, K. (2019). Religion, food choices, and demand seasonality: Evidence from the Ethiopian milk market. *Foods*, 8 (5), 167.

[7] Eastwood, C. R., Greer, J., Schmidt, D., Muir, J., & Sargeant, K. (2018). Identifying current challenges and research priorities to guide the design of more attractive dairy – farm workplaces in New Zealand. *Animal Production Science*, [online], doi: 10.1071/AN18568.

[8] Eastwood, C. R., Jago, J. G., Edwards, J. P., & Burke, J. K. (2016). Getting the most out of advanced farm management technologies: Roles of technology suppliers and dairy industry organisations in supporting precision dairy farmers. *Animal Production Science*, 56 (10), 1752 – 1760.

[9] Gargiulo, J. I., Eastwood, C. R., Garcia, S. C., & Lyons, N. A. (2018). Dairy farmers with larger herd sizes adopt more precision dairy technologies. *Journal of Dairy Science*, 101 (6), 5466 – 5473.

[10] Glover, D., & Poole, N. (2019). Principles of innovation to build nutrition – sensitive food systems in South Asia. *Food Policy*, 82, 63 – 73.

[11] Gupta, S. (2017). Dairy industries in India: Technological implementation and challenges. Journal of HR, *Organizational Behaviour & Entrepreneurship Development*, 1 (2), 1 – 7.

[12] Hall, A., Turner, L., & Kilpatrick, S. (2019). Using the theory of planned behaviour framework to understand Tasmanian dairy farmer engagement with extension activities to inform future delivery. *The Journal of Agricultural Education and Extension*, 25 (3), 195 – 210.

[13] Ishrat, S. I., Grigg, N. P., Jayamaha, N., & Pulakanam, V. (2018). Cashmere industry: Value chains and sustainability. In C. K. Y. Lo & J. Ha – Brookshire, eds., *Sustainability in Luxury Fashion Business* (pp. 113 – 132). Springer, Singapore.

[14] Kamath, V., Biju, S., & Kamath, G. (2019). A Participatory Systems Mapping (PSM) based approach towards analysis of business sustainability of rural Indian milk dairies. *Cogent Economics & Finance*, 7 (1), 1 – 16.

[15] Kulandaiswamy, V. (1982). *Cooperative Dairying in India*, Rainbow Publication, First Edition, Chapter IV, pp. 125 – 145.

[16] Kumar, D., & Mohan, A. (2018). Factors leading to customer satisfaction in dairy industry: A study in Indian perspective. *International Journal on Customer Relations*, 6 (1), 21 -30.

[17] Läpple, D., & Thorne, F. (2019). The role of innovation in farm economic sustainability: Generalised propensity score evidence from Irish dairy farms. *Journal of Agricultural Economics*, 70 (1), 178 -197.

[18] Lehtinen, U. (2012). Sustainability and local food procurement: A case study of Finnish public catering. *British Food Journal*, 114 (8), 1053 -1071.

[19] Mangla, S. K., Luthra, S., Jakhar, S. K., Kumar, A., & Rana, N. P. (2019a). *Sustainable Procurement in Supply Chain Operations.* CRC Press.

[20] Mangla, S. K., Sharma, Y. K., Patil, P. P., Yadav, G., & Xu, J. (2019b). Logistics and distribution challenges to managing operations for corporate sustainability: Study on leading Indian diary organizations. *Journal of Cleaner Production*, 238, 117620.

[21] Mangla, S. K., Sharma, Y. K., & Patil, P. P. (2016). Using AHP to rank the critical success factors in food supply chain management. *Int. Conf. on Smart Strategies for Digital World - Industrial Engineering Perspective*, Nagpur, India. 58.

[22] Meganathan, N., Selvakumar, K. N., Prabu, M., Pandian, A. S. S., & Kumar, G. S. (2010). Constraint analysis of tribal livestock farming in Tamil Nadu. *Tamilnadu Journal of Veterinary and Animal Sciences*, 6 (1), 12 -18.

[23] Mor, R. S., Bhardwaj, A., & Singh, S. (2018a). Benchmarking the interactions among performance indicators in dairy supply chain: An ISM approach. Benchmarking: *An International Journal*, 25 (9), 3858 -3881.

[24] Mor, R. S., Singh, S., & Bhardwaj, A. (2018b). Exploring the causes of low - productivity in dairy supply chain using AHP. *Jurnal Teknik Industri*, 19 (2), 83 -92.

[25] Mor, R. S., Bhardwaj, A., Singh, S., & Kharub, M. (2019a). Framework for measuring the procurement performance in the dairy supply chain. In S. K. Mangla, S. Luthra, S. K. Jakhar, A. Kumar, N. P. Rana, eds., *Sustainable Procurement in Supply Chain Operations.* CRC Press, Boca Raton, FL, 61.

[26] Mor, R. S., Bhardwaj, A., Singh, S., & Nema, P. K. (2019b). Frame-

work for measuring the performance of production operations in the dairy industry. In J. C. Essila, ed., *Managing Operations Throughout Global Supply Chains* (pp. 20 - 49). IGI Global, Pennsylvania, PA.

[27] Prasad, C. S., & Kumari, J. (2016). Rethinking cooperatives for sustainable development: Insights from Vasudhara Dairy and Dharani Organic cooperatives. In *11th ICAAP Cooperative Research Conference*, *New Delhi*. "*Cooperatives and Sustainable Development*". http://www.icaap.coop/sites/icaap.coop/files/Shambu_ Prasad India. PDF.

[28] Rajendran, K., & Mohanty, S. (2004). Dairy co - operatives and milk marketing in India: Constraints and opportunities. *Journal of Food Distribution Research*, 35 (856 - 2016 - 56967), 34 - 41.

[29] Rijswijk, K., & Brazendale, R. (2017). Innovation networks to stimulate public and private sector collaboration for advisory services innovation and coordination: The case of pasture performance issues in the New Zealand dairy industry. *The Journal of Agricultural Education and Extension*, 23 (3), 245 - 263.

[30] Saravanakumar, V., & Jain, D. K. (2009). Evolving milk pricing model for agribusiness centres: An econometric approach. *Agricultural Economics Research Review*, 22 (347 - 2016 - 16735), 155 - 160.

[31] Sharma, V. P. (2015). Determinants of small milk producers' participation in organized dairy value chains: Evidence from India. *Agricultural Economics Research Review*, 28 (347 - 2016 - 17180), 247 - 261.

[32] Sharma, Y. K., Mangla, S. K., Patil, P. P., & Liu, S. (2019). When challenges impede the process: For circular economy - driven sustainability practices in food supply chain. *Management Decision*, 57 (4), 995 - 1017.

[33] Sharma, Y. K., Mangla, S. K., Patil, P. P., & Uniyal, S. (2018a). Analyzing sustainable food supply chain management challenges in India. In R. Mangey, & D. J. Paulo, eds., *Soft Computing Techniques and Applications in Mechanical Engineering* (pp. 162 - 180). IGI Global, Pennsylvania, PA.

[34] Sharma, Y. K., Mangla, S. K., Patil, P. P., & Uniyal, S. (2018b). Sustainable food supply chain management implementation using DEMATEL approach. In N. A. Siddiquis, S. M. Tauseef, & K. Bansal, eds., *Advances in Health and Environment Safety* (pp. 115 - 125). Springer, Singapore.

[35] Sharma, Y. K., Mangla, S. K., Patil, P. P., Yadav, A. K., Jakhar, S. K., & Luthra, S. (2018c). Ranking the IT based technologies to enhance the safety and security of food using AHP approach. *Mathematics Applied in Information Systems*, 2, 108 – 122.

[36] Singh, R. K., Luthra, S., Mangla, S. K., & Uniyal, S. (2019). Applications of information and communication technology for sustainable growth of SMEs in India food industry. *Resources, Conservation and Recycling*, 147, 10 – 18.

[37] Soteriades, A. D., Stott, A. W., Moreau, S., Charroin, T., Blanchard, M., Liu, J., & Faverdin, P. (2016). The relationship of dairy farm ecoefficiency with intensification and self – sufficiency. Evidence from the French dairy sector using life cycle analysis, data envelopment analysis and partial least squares structural equation modelling. *PloS one*, 11 (11), e0166445.

[38] Subburaj, M., Babu, T. R., & Subramonian, B. S. (2015). A study on strengthening the operational efficiency of dairy supply Chain in Tamilnadu, India. *Procedia – Social and Behavioral Sciences*, 189, 285 – 291.

[39] WCED. (1987). *Our Common Future: Report of the World Commission on Environment and Development.* Oxford University Press, Oxford, UK.

[40] Yawar, S. A., & Kauppi, K. (2018). Understanding the adoption of socially responsible supplier development practices using institutional theory: Dairy supply chains in India. *Journal of Purchasing and Supply Management*, 24 (2), 164 – 176.

# 附　录

**图书在版编目（CIP）数据**

可持续发展、创新和采购／（英）萨钦·库马尔·曼格拉（Sachin Kumar Mangla），（印）苏尼尔·卢特拉（Sunil Luthra）著；沈欣译．—北京：中国财富出版社有限公司，2022.6（2023.3 重印）

（物流与供应链前沿译丛．第二辑）

书名原文：Sustainability，Innovation and Procurement

“十三五”国家重点出版物出版规划项目

ISBN 978－7－5047－7340－1

Ⅰ．①可…　Ⅱ．①萨…②苏…③沈…　Ⅲ．①政府采购制度—研究　Ⅳ．①F812.2

中国版本图书馆 CIP 数据核字（2022）第 092562 号

著作权合同登记号　图字：01-2020-7064



| | | | | | |
|---|---|---|---|---|---|
| **策划编辑** | 王　靖 | **责任编辑** | 王　靖 | **版权编辑** | 刘　斐 |
| **责任印制** | 尚立业 | **责任校对** | 杨小静 | **责任发行** | 敬　东 |

**出版发行**　中国财富出版社有限公司

**社　　址**　北京市丰台区南四环西路 188 号 5 区 20 楼　　**邮政编码**　100070

**电　　话**　010－52227588 转 2098（发行部）　　010－52227588 转 321（总编室）

010－52227566（24 小时读者服务）　　010－52227588 转 305（质检部）

**网　　址**　http：//www. cfpress. com. cn　　**排　　版**　宝蕾元

**经　　销**　新华书店　　**印　　刷**　北京九州迅驰传媒文化有限公司

**书　　号**　ISBN 978－7－5047－7340－1/F·3434

**开　　本**　710mm×1000mm　1/16　　**版　　次**　2022 年 6 月第 1 版

**印　　张**　6. 5　　**印　　次**　2023 年 3 月第 2 次印刷

**字　　数**　117 千字　　**定　　价**　68. 00 元